爱弥儿

Émile: ou De l'éducation

成墨初 李彦芳 编译

［法］卢梭 著

精教 典育

Wuhan University Press
武汉大学出版社

　　提起让·雅克·卢梭这个名字，很少有人不知道的。卢梭是法国历史上最为著名的教育家、文学家、哲学家、启蒙思想家，可以称得上是18世纪法国大革命的思想先驱，引领着启蒙运动的发展。

　　卢梭1712年出生于瑞士日内瓦的一个钟表匠家庭，1778年卒于巴黎东北面的阿蒙农维拉，他的主要著作有《爱弥儿》《论人类不平等的起源和基础》《忏悔录》《社会契约论》《植物学通信》等。

　　卢梭的思想对后世影响很大，主要体现在哲学、社会观和教育方面。在哲学上，他主张"自然神论"和人性本善；在社会观上，他强调社会契约论；在教育上，他认为教育是为了培养自然人，以让孩子得到自由发展。

　　具体来说，卢梭认为，教育要服从自然的永恒法则，让孩子自由发展。教育的途径只有两种——生活和实践，逼迫孩子读书不在其列。

　　同时，卢梭还主张让儿童接受劳动、自由、平等、博爱的教育，让孩子能够进行自我支配，并且可以利用自己的力量得到幸福。

　　在这些思想的影响下，卢梭于1757年写成了小说体教育名著《爱弥儿》。1762年，《爱弥儿》在荷兰的阿姆斯特丹出版。

　　《爱弥儿》刚一面世就产生了巨大的影响，整个法国和西欧的一些资产阶级国家都为之震撼。在书中，卢梭提出了"自然教育"的主张，并假设了一个教育对象——爱弥儿。

　　卢梭的这种教育思想衍生于他的自然哲学观点。他认为人生来是自由的、平等的，他让爱弥儿接受自然教育、劳动教育等，并且以爱弥儿为例，告诉父母如何根据孩子年龄的不同采取不同的教育方法，成果显著。

全书共分为5卷。每一卷的儿童年龄都各不相同，并根据儿童的年龄总结出了相应的教育原则和内容。

第一卷，卢梭以小于两岁的婴儿为教育对象，告诉父母怎么进行恰当的体育教育，以让孩子能真正地自然发展。

第二卷，卢梭以2～12岁的儿童为教育对象，告诉父母孩子的智力还未发育成熟，很难进行真正的思考，所以建议父母重点对儿童进行感官教育。

第三卷，卢梭以12～15岁的青少年为教育对象，他认为青少年利用自己的感觉器官积累了一定的经验，可以进行相应的智育教育。

第四卷，卢梭以15～20岁的青年为教育对象，此年龄段的孩子开始逐渐接触社会，德育教育是最为关键的教育。

第五卷，卢梭开始重点论述对女孩的教育，他以10岁为分界点，分别论述10岁前和10岁后的女孩应该如何教育，同时还告诉父母如何对孩子进行爱情教育。

18世纪，卢梭就可以提出根据年龄划分进行教育的主张，这无疑是非常先进的。虽然其中存在一定的不合理之处，但总体来说仍有很大的借鉴价值。

虽然《爱弥儿》有如此重要的价值，但却被世人评价为一本"好书"，但却不是一本"好读的书"。为了解决这个问题，我们特意编译了此书。

在领会作者思想的基础上，我们巧妙地将原本晦涩难懂的外语转化为中国人容易接受的语言，既通俗易懂，又不失其中的深刻内涵。

教育孩子是一个需要长期学习的事业。翻开《爱弥儿》，领略卢梭的教育观点与方法，定能让你的教育之路更加平坦，让你的教育更加有效。

目 录

第一卷

婴儿期（0～2岁）

一、为什么教育对孩子很重要

任何事物在最初被造物主创造出来时都是完美的，一旦经过人类的加工之后，就会变得破败不堪。

人们强使一种土壤里长出另一种土壤里才能长出的作物，强使一种果树结出另一种果树才能结出的果实；他们打乱气候、季节的变换规律；他们虐待他的狗、马和奴仆；他们颠覆众生，扼杀一切事物的天性。

而且，他们还钟情于相貌丑陋和形状怪异的东西；他们不喜欢事物的本来状态，甚至对自己的同类也是如此，他们按照自己的意愿，把人当作马进行训练，或者把人当作树木进行修剪。

可就目前的处境来看，多亏了这种训练和修剪，否则人类的情况可能会更不堪。如果一个人自出生之日起就没人教养的话，那他的未来就不会有什么希望。

一切诸如偏见、需求、权威和先例等社会制度和习俗都加在他身上，除了扼杀他的天性，这些东西起不到任何正面作用。就好像长在道路正中间的小树一样，他的天性遭受着路人的随意践踏。

拜托你，慈祥而有洞见的母亲，只有你能让那些人另寻他路，保护这棵小树不受那些舆论的伤害。在你的精心灌溉下，它一定能结出硕大的果实，到时候你定会喜出望外。

你要趁早构筑起一道围墙来保护孩子的心灵。或许，别人可以画出这道围墙的范围，但栅栏必须由你来安。

只有培育，小树才能发芽；只有教育，孩子才能成长。

想想看，即使一个人一出生就拥有强健的身体，拥有巨大的力气，但却不知道如何使用，那这种身体和力气也是毫无用处的，甚至它们还会给人带来不好的影响，即让别人误以为他不需要任何帮助。

可以这么说，这会使人一直处在孤独当中，还不知道自己需要什么，就已经非常遗憾地告别了这个世界。

我们同情婴儿遭受的一切，但是我们没有想到的是，如果人类一出生时不是婴儿，即没有经历婴儿期，人类或许早已灭亡了。

我们天生脆弱，所以需要别人给予我们力量；我们天生无助，所以需要别人给予我们帮助；我们天生愚昧，所以需要别人教我们如何辨别是非。只有良好的教育，才能让我们弥补天生的缺陷。

教育的方式一共有 3 种：来自自然的教育、来自人的教育和来自事物的教育。自然的教育指的是我们的才能和器官的自身发展，人的教育指的是别人对这种发展的干预，事物的教育指的是我们从对我们产生影响的事物那里所获得的经验。

可以说，每个人的成长都有赖于这 3 位老师。如果缺少了这 3 种教育中的某一种或者这三者之间发生了冲突，那对这个学生的教育就是失败的，他的成长甚至连他自己都不满意。

如果这 3 种教育能够和谐共存，那对这个学生的教育就是成功的，他也会实现自己的愿望，从而生活得更有意义。

在这 3 种教育中，自然的教育完全不受我们支配，事物的教育只在某些方面受我们影响。我们能够插手的只有人的教育，而这种插手也只是一种奢望，因为要想对一个孩子身边的所有人的行为和言谈加以控制几乎是一件不可能的事情。

所以，要想实现这一目标，运气是必不可少的。这里所说的目标指的是自然的目标，因为这三种教育是相辅相成、缺一不可的，而自然的教育又是最不可控制的因素，所以它对其他两种教育起决定作用。

可"自然"这个词的含义有些模糊，我们要先对它进行界定。有人说，"自然"就是习惯的代名词。果真如此吗？要知道，某些被迫形成的习惯不可能把天性扼杀掉！

比如说，有一些垂直生长的植物在外力的作用下，它们不得不弯曲着生长，可一旦解除了这种束缚，或许它们还会保持着原来的扭曲的生长方向，但是它们内在的汁液不会受到任何干预，每经历一次新的发育，它们就会变得垂直一点儿。

人亦是如此。一个人在同一种环境下待久了，就会形成一种习惯，尽管不是天生的，但这种习惯仍然会越来越强。可是，只要情况一变，这种习惯就会慢慢消失，人就会慢慢恢复到本来的状态。说白了，教育就是一种习惯，只有与天性相符合的习惯才称得上是"自然"。

我们天生就有感觉事物的能力，而且从一出生就开始受到周边各种各样的事物的影响。等我们意识到这种感觉的时候就会开始做出判断，即到底是趋向还是逃避让我们产生感觉的事物。

这种选择主要取决于3个方面：一是看这种事物能不能让我们感觉愉快，二是看它能不能给我们带来方便，三是看它符不符合社会和他人认可的幸福和美满的定义。

随着我们的感觉越来越敏感，智力越来越发达，这些倾向也会越来越强。可由于受到习惯的影响，这些倾向或多或少都会发生变化。这种还没有发生变化的倾向就是我所说的"内在的自然"，它是一切东西得以发展的动力。

如果这3种教育之间只是互不不同的话，就不会产生太大的问题，而如果这3种教育彼此发生了冲突，我们该怎样处理呢？当我们教育一个人的目的不是为了他自己的发展，而是为了别人的愿望时，那这三者就不可能配合一致。

事实上，对于小社会而言，其范围是很狭窄的，当内部团结一致时，与大的社会环境便渐行渐远。比如，爱国者对其他国家的人并不友好，在他们看来，外国人是同他们没有丝毫关系的人。

这种情况的出现很自然，虽然有一定的弊端，但影响并不大。而且，这些人对自己的同胞、与自己一起生活的人非常友好。

例如，在国外，斯巴达人是野心家，是贪婪而又不仁不义的人。但是，在国内，他们却文明有礼、公正处事，相互间相处和睦。

有些人自以为是世界主义者，在他们的著作中也谈及他们到偏远地区履行义务的事迹。事实上，那些义务是他们原本很不屑于履行的，他们用爱鞑靼人取代爱自己的邻居。

自然人都是为自己而活，是一个数的单位，是只与同胞才有关系的统一体。公民是一个分数，和分母息息相关，它能有多大的价值，要看总体的价值，即与社会关系的好坏。

好的社会制度能使人改变自己的天性，让他的存在由绝对转化为相对，让他由独立的个体变为共同体的一部分。对于罗马的公民来说，他不是凯尤斯或鲁修斯，而是一个罗马人。

斯巴达人佩达勒特想要参加三百人会议，结果被拒绝了。想到有300个斯巴达人比自己强，他便欣然离开。这是一种真诚的表现，佩达勒特这样的人就是真正的公民。

同样，还是在斯巴达，有个妇人的 5 个儿子都参加了战争，她焦急地等待着战争的消息。当打探消息的奴隶回来后，妇人立刻询问他的战况。

奴隶说："您的儿子都在战场上牺牲了。"妇人听了生气地怒斥道："该死的奴隶，我问你这个问题了吗？"奴隶于是回答道："我们胜利了！"

听到这个消息，妇人便立刻跑到庙里拜祭神灵，感谢神灵让斯巴达取得胜利。可以说，这个妇人是真正的公民。

如果一个人身处社会中，却将个人的情感放在第一位，在这种矛盾中，他是无法知道自己的真正需要的。

一个人在自身的欲望与对社会的责任之间犹豫不决，这会使他既无法成为一个真正的人，也无法做一个合格的公民；他既一无可取，也无法对别人做出贡献。

要想有所作为，就必须规范言行使其一致。选择做自己应该做的，并且积极地去实施。我期待着出现这样的奇迹，以此验证他是人还是公民，抑或是如何成为两种人的共同体。

因为我们不得不同自然或社会制度进行斗争，所以我们必须做出选择，即到底是培养一个人还是培养一个公民？由于这两个目的是相对的，所以与此相对应的两种教育形式也是相对的：一种是公共教育，另一种是家庭教育。

对于公共教育，柏拉图在《理想国》一书中有详尽的论述。仅从书名来看，很多人会认为这本书是讲政治的，其实不然，这本书其实是一本颇为精彩的教育学专著，而且是一本空前绝后的教育学专著。

有国家才会有公民，现代语言中应该取消"国家"和"公民"这两个词语。

我并不认为那些可笑的学院提供的所谓教育是一种公共教育或社会教育，他们想同时追求两个截然相反的目标，结果却适得其反，一个都没有实现。从那里走出来的都是一些虚伪阴险的小人，他们看上去乐善好施，本质上其实都是为了他们自己。

这种教育所塑造出来的矛盾人格也存在于我们自己身上，由于自然和人把我们引向两个不同的方向，所以我们只能靠自己的力量将之混合或者选取一条中间的道路。这样做的结果就是，我们一个目标都没有达成。

这种矛盾状态始终伴随着我们，让我们终生处在犹豫不决之中，到头来我们不但没有实现自己的意愿，也没能对他人或社会做出贡献。

接下来，我要谈的是家庭教育。家庭教育又叫自然教育。如果一个人接受教育的目的仅仅是为了他自己，那他对社会还有什么意义呢？如果这两个目的能够融合成一个目的，那矛盾就不存在了，从而也就为他的幸福生活扫除了一大障碍。

当然，我们只有对一个人有了全面的了解之后，了解他的成长过程和成人以后的情况，才能对他做出判断，这就要求我们首先要去了解自然的人。这就是本书的核心内容。

培养一个自然的人是相当困难的，具体来说，我们应该怎样做呢？事实上，我们要做的事情就是少做些事情。如果是逆水行舟，我们只要把握好方向，迂回前行就足够了；如果狂风骤起，可我们又想停留在原地，唯一的办法就是抛锚。

在现有的社会秩序中，每个人的社会地位都是固定的，为了取得这个地位，每个人都应该受到教育。可如果一个人受教育就是为了谋取某个地位，那他就不可能还能争取到其他的地位。

只有在命运和父母的职位一样的情况下，教育才变得有意义，否则教育只能带来偏见，对学生有百害而无一利。

在埃及，儿子必须依从父亲的身份，所以教育还有一个可以实现的目标。可在我们的社会里尽管也存在着社会阶级，但阶级里的人却是不固定的，所以说，哪个父亲也不敢保证说，为了一个特定的地位而去教育儿子对他是有利的。

按照自然的法则，人人生而平等。人类共同的职责就是为了争取人性而不懈努力。一个人但凡接受了这方面的教育，就会主动承担起与这种职责相关的任务。

我并不关心我的学生将来成了军人、教士还是律师，因为在他从事父母的职业之前，自然就已经教会了他如何认识自己的人生。我唯一要教会他们的技能就是：如何学会生活。

我教出来的学生他不会是一个文官、武人或者僧侣，而首先是一个人。他会成为他应该成为的那种人，无论在怎样的情况下，也无论对方是谁，他总能坚持做人的本分。他的地位无可动摇，他将始终如一地处在他原有的地位上。

如果一个人的地位是生来就固定好的，并且这个地位不可改变，那现行的教育还是有好处的：为了让孩子争取到某个地位，我们给了他特定的教育，这样起码能够保证他免受其他地位所带来的麻烦和伤害。

可是，人生之中不可预测的事情太多了，而且我们也正处于这样一个动荡不安的时代，试想一下，在这样的社会背景下，还有什么比把一个孩子关在家里、终日侍候着他更愚蠢的事情呢？

　　这样的孩子是可怜的，只要他稍微有所举动，或者只走了一步下坡路，那他的人生很可能就此泯灭。我们并不是要他去承受这种痛苦，但至少要让他知道这种痛苦是存在的。

二、做个自然的施教者

我们的工作不仅仅是保护好自己的孩子这么简单，更重要的是教会他在成人之后如何进行自我保护。

我们要让他学会如何在逆境中生存，如何做到宠辱不惊，甚至在万不得已的情况下，我们还要让他学会如何在冰岛的冰天雪地里或者马耳他的炙热岩石上生存。

我们费尽千辛万苦想延长他的寿命，可死亡是不可抗拒的生命法则。所以，我们的工作不是告诉他如何规避死亡，而是如何学会生活。

活着不仅仅意味着呼吸，更重要的是有所作为，这就需要我们调动我们的器官、感觉、才能以及其他一切属于我们身体的东西。

生命的意义不取决于它的长度，而取决于我们能从中获得多少感受。

我们所拥有的那些智慧实则都是奴隶的偏见。周遭的一切无时无刻不在限制、奴役、束缚着我们。作为文明社会中的一员，我们却无力摆脱奴隶的命运。我们生在奴隶状态中，长在奴隶状态中，最后又死在奴隶状态中。

出生的时候，我们被裹在襁褓里，死了之后，我们被钉在棺材里。只要是人，就不可能摆脱制度或者习俗的约束。

我听说，一些助产妇认为，要想让婴儿有个漂亮的脑袋，需要按摩新生儿的头部。可笑的是，人们也接受这种做法。也许，上帝没有给我们漂亮的脑袋，所以派助产妇来帮忙塑造外形，让哲学家填充内部。

从娘胎里出来，婴儿终于可以享受伸展肢体的自由了，可紧接着，他就又被强行捆绑到襁褓之中：他被直挺挺地放到床上，头始终被固定在同一个位置上，他的两腿必须伸直，胳膊服帖地放在身旁，而且身上穿着层层衣服，绑着条条带子，丝毫不能挪动自己的身子。

如此一来，婴儿原有的运动本能和成长的驱动力全部被扼杀了。他在襁褓里做着徒劳的挣扎，可他全然是白费力气，最后的结果只能是延迟了他的发育。

可以说，他受到的约束和限制甚至比在母亲的肚子里的时候还要多，我实在看不出来出生对他来说是件快乐的事情。

在那些并非小心翼翼养育孩子的地方，孩子长得高大强壮，而且体形匀称。相反，在那些把孩子包裹起来精心呵护的地方，满大街都是驼背的、瘸腿的、身体佝偻的以及患有各种残疾的人。

为了防止孩子成为畸形儿，我们采取了各种措施，可到头来却适得其反，亲手把自己的孩子塑造成了残废。

在这种束缚中成长起来的孩子，其性格和脾气也好不到哪儿去。他们人生中经历的第一种感觉就是痛苦。他们不能按照自己的意愿活动自己的肢体，甚至比那些手脚被铐起来的犯人还要难受，可除了徒劳地挣扎和大哭，他们不可能有别的举动。

毫无疑问，他们人生中的第一次发声就是大哭，他们怎么能不哭呢？从一出生就开始遭受无情的捆绑，他们人生的第一件礼物是锁链和苦刑。

他们只能用大哭来表达他们的不满，因为发声是他们唯一的自由。我们没必要苛责他们的哭声，换作是我们自己，或许哭得会更厉害。

这种愚蠢的做法来自一种与自然相违背的实践习惯。母亲们不愿履行自己的职责，把哺养孩子的任务交给保姆。

由于不是自己的亲生孩子，那些保姆根本就没有做母亲的天性，所以为了省事，她们就把孩子裹在包裹之中，然后把他们放到一边，任他们啼哭。

对保姆来说，只要不让主人看出自己不关心孩子，只要不让孩子的身体产生残疾，就算孩子死了或者一辈子都身体虚弱也没关系。就算孩子出了什么事，也和她们无关。

如此一来，这些保姆可以省去很多事情。而那些孩子的母亲以为自己的孩子受到了很好的照顾，所以终日去城里寻欢作乐，而把自己的孩子丢在乡村里，根本就不顾及他们的死活。

在保姆忙碌时，她们便把孩子扔在一边，就仿佛孩子只是一包破衣服。只要保姆一直忙着，孩子就会一直被这种痛苦折磨着。

被这样对待的孩子由于胸部被紧紧地捆着，血液充斥在头部无法流通，导致脸色发青。人们以为是孩子主观上想安静下来，实际上是因为孩子已经没有力气再哭闹了。我想，这样的孩子想活得长久是很难的。

有人说，如果给孩子随意活动他们肢体的自由，那他们就会做一些影响其身体正常发育的动作，从而养成不良的姿势。这种说法听起来很有道理，其实根本就是无稽之谈。

由于力量太小，婴儿不足以做出可以伤害他的身体的动作来。只要稍有疼痛，他的意识立即就会让他停止这种行为。就拿那些小猫小狗来说，我们没有把它们放到襁褓里进行悉心的照料，它们不照样发育得很好吗？

的确，婴儿的身体更笨重，可也很柔弱，他们几乎都不能移动自己的身体，怎么能做出伤害自己的事情来呢？

要想改变这种风气，首先要由孩子的亲生母亲来哺育他，唯有如此，才能唤醒人类最自然、最本真的情感，而国家也会变得人丁兴旺。只要能够实现这一点，就可以让一切都复归。

美好的家庭生活是抵抗社会不良风气的关键所在。孩子的捣乱和吵闹可以活跃家里的气氛，父亲和母亲之间的关系也变得更加融洽。

家里到处萦绕着欢声笑语，妇女们也乐意做家务了，丈夫也愿意常回来团聚了。一旦妇女能够扮演好妻子和母亲的角色，那男人就能担当起丈夫和父亲的责任。

可是，现实的社会风气却是截然相反的。那些亲自养育孩子的母亲同周遭那些持反对态度的母亲做着斗争。她们不但不做出这种行为，甚至结成群体反对这种行为。

也有一部分天性纯朴而善良的母亲，敢于站出来对抗那些为不良风气做辩护的叫声，并且忠贞不渝地履行着大自然赋予女性的高尚使命。希望这些母亲会因为她们的高尚而有所回报，而这种回报能够激发更多的母亲加入到她们的行列中来。

我敢保证，这些受人尊敬的母亲能得到她们的丈夫的呵护，得到她们的孩子的孝顺，得到社会大众的爱戴。我敢保证，她们分娩的时候没有丝毫的痛苦和任何后遗症。我敢保证，将来她们一定能成为自己的女儿的榜样，并且她们的女儿必然为他人的女儿所效仿。

母子之间有照顾彼此的义务，有什么样的母亲就会有什么样的孩子。如果母亲没有履行抚养孩子的义务，那孩子也就不会履行赡养母亲的义务。

只有让孩子知道他应该爱他的母亲，他才会去爱他的母亲。如果血肉之情并没有因母亲的爱得到加强，那它过不了多久就会消失。如此一来，家长对孩子的教育刚一起步就已经脱离了自然。

过于宠爱孩子和一点儿不关心孩子的结果是相同的，最后也会导致脱离自然。

这样的母亲往往把自己的孩子当成她的偶像，为了使孩子免于伤害，却把孩子变得更加禁不起伤害。

她不想让孩子遭遇残酷的生存法则或艰苦的生活状态，可她不知道，她现在让孩子免于小的灾难，却把将来更大的灾难加在了他身上。她小心翼翼地呵护着自己的孩子，她使他变得更加娇弱，完全剥夺了他独自承受痛苦的能力。

有一则寓言是这样说的：为了把儿子培养成为一个刀枪不入的人，太提斯便把他浸泡在冥河的水里。这则寓言的寓意一目了然。可那些残忍的母亲的做法却截然相反，终日把自己的孩子浸泡在温泉里。

这种做法像是在呵护孩子，其实是把孩子推向了苦难的深渊。在这样的环境里，各种病菌蜂拥而来，顺着孩子们的毛孔进入他们的身体，等他们长大之后，这些病菌便演变成疾病，一点一点将孩子们的身体侵蚀。

聆听自然的声音，然后按照它的指示前进。自然让孩子们从小就经受各种各样的锻炼，它用残酷的考验让它们领会到什么是痛苦和奋斗。

长牙时，他们发着高烧；肚子疼时，他们浑身痉挛；咳嗽时，他们呼吸困难；肠虫侵入他们的身体；多血症败坏着他们的血液；酵素在他们的血液中发酵，用斑疹威胁着他们小小的身躯。

他们在疾病和危险中度过自己的婴儿期，可经受住这些考验之后，孩子们就会变得更加顽强。等他们开始独立生活的时候，这个法则的作用就会愈发明显。

这就是自然法则，我们必须要遵守，否则的话，不但会毁了自己的孩子，而且也浪费掉了自己的精力。这个道理多么浅显易懂，我们难道还要执迷下去吗？我们认为，室外的危险要远远大大室内，可是分散危险就意味着减少危险。

根据经验，娇生惯养的孩子更容易死去。只要我们看管好他们，不让他们去做能力之外的事情，那么相对于珍惜他们的体力，让他们使用体力的危险要小得多。

我们要从小锻炼孩子，好让他们能独自承受将来的磨难。我们要锻炼他们强健的体魄，让他们能够禁得起残酷的季节和风雨的打击，忍受得了饥饿和疲劳的摧残。所以，把我们的孩子浸泡在冥河里吧。

在养育孩子的时候，我们要把眼光放得长远些，在痛苦来临之前就把自己的孩子武装起来。

如果说孩子们在能够独自生存之前他们一直在学习如何生存的话，那么让他们在童年的时候少经历些磨难，结果却让他们在拥有理性的年龄丧失面对磨难的能力，这样的教育方法实在是愚蠢至极！难道这就是所谓的老师的教育吗？

人生在世，时刻都与痛苦相伴。成人对孩子的照顾过程也让他与痛苦紧密相连。庆幸的是，孩子在童年时期遭受到的痛苦只是身体上的，远没有其他痛苦那么悲哀和激烈，同那些让人变得绝望的痛苦相比也是微不足道的。

在我看来，身体上的痛苦如痛风症，不会使一个人产生自杀的念头，只有心理上的痛苦，才会使一个人悲观绝望。

对于儿童的种种命运，我们的内心充满了同情。但实际上，我们最该同情的是我们自己，生活中的一切灾难都是我们自己造成的。

伴随着啼哭声，孩子来到了这个世界，并且在啼哭中度过整个婴儿期。

为了让它们止住哭声，我们打他们、骂他们或者哄他们。不是他们逗我们开心，就是我们逗他们开心；不是他们顺从我们，就是我们顺从他们；不是他们命令我们，就是我们命令他们。在我们和他们的关系中，丝毫没有折中的余地。

如此一来，孩子们的头脑中形成的第一种观念就是支配和奴役。他们还没有学会说话就开始命令人了；他们还没有学会走路，就开始顺从人了；他们还没有是非观念，根本就不知道自己错在哪里，就开始接受惩罚了。

我们把这些观念亲手灌输进他们幼小的心灵，等孩子变坏之后却说这是天性使然。

如果一个孩子长期受这样的女人养育，那么不出六七年的时间，他就会成为她和她那些不切实际的行为的牺牲品。

母亲教孩子如何行事，并把一大堆根本就不明白的话灌输进他的头脑。这些情感时时刻刻笼罩在孩子周围，让他们窒息，直至丧失了自己的天性。

之后，这个人造的孩子被送到学校里，然后老师们用跟他们的母亲一样的方式继续培养着他们。老师们只是一味地向他们灌输各种各样的知识，却从来不教他们如何认识自己，如何面对生活，如何扬长避短，如何追求幸福。

最后，我们的孩子变成了这样：既是个暴君又是个奴隶，学识渊博却毫无理性，心灵和身体同样脆弱无比。这样的孩子投身社会之中，很快就暴露了其愚蠢、无知、自大以及各种不良的习性，于是我们开始悲叹他们简直就是人类苦痛和堕落的根源。

可我们全都错了，这样的孩子只不过是我们幻想出来的，自然人与之完全不同。

要想保持孩子的天性，我们应该从孩子出生那天就开始努力。从他刚来到这个世界到他长大成人，我们都不能放弃这种努力，否则我们绝不可能取得成功。

如果说母亲是孩子的保姆的话，那父亲就是孩子的老师。父亲虽然能力有限，但却很热情。父亲的热情足以弥补其能力的不足，而那些老师就算能力再强，如果没有教育孩子的热情也是无益的。

可是，对于父亲而言，对于各种该做的事情、工作，做父亲的职责似乎被放在了最不重要的位置。这一点我们无须诧异，做母亲的不愿意哺育孩子，做父亲的自然也不愿意教育孩子。

这样的孩子会被迫离开家庭，在寄宿学校、公立学校或者教会学校住宿，这样一来就养成了不会爱人的习惯。

在这样的家庭中，几个孩子彼此都很生疏，即使聚在一起，也会像与外人相处时那么拘谨和客气。

在这样的情况下，孩子很容易染上各种不良的品德和习惯。我想，这其中的原因是显而易见的。

如果只是生养孩子，那父亲只完成了其1/3的责任。对于人类来说，父亲有生养孩子的责任；对于社会来说，父亲有培养社会人的责任；对于国家来说，父亲有造就公民的责任。

凡是不能完全履行这3种责任的男人都是有罪的，如果他只履行了其中一部分的话，那他的罪责可能会更大。

贫困、工作、舆论或者其他任何理由都不是借口，我们必须无条件地履行以上这3种责任。各位读者，请听我一句，一个人不管有多么重要的事情缠身，他都应当把如此神圣的职责摆在第一位，否则的话，他将为他的错误付出代价，并且永远不会有人给他安慰。

假设有这样一个富翁，他终日忙于工作，根本就没有时间和精力去养育自己的孩子，那他会怎样做呢？他很可能会这样做：花钱雇人帮他照顾自己的孩子。

在他这种人眼中，金钱是万能的，可他不知道再多的钱也不能给自己的孩子买来一个好父亲。且不说是一个好老师，雇来的人充其量也就是个奴仆。把自己的孩子交给一个奴仆来看管，那这个孩子迟早也会沦为一个奴仆。

拥有哪些品质才能称得上是一名好老师呢？对于这个问题，人们有很多看法。我认为，其中最重要的一点是，老师绝不可以是一个被雇用来的人。老师这个职业如此高尚，那些为了金钱而从事这个职业的人本身就不配从事这个职业。

有人会问，"到底由谁来教育我的孩子呢？"答案只有一个，那就是你自己。如果你自己没有时间或者没有能力，那就让你的朋友代替，除此之外别无他法。

当深入思考这个问题的时候，我发现了很多困难。老师要想教育学生，自己首先必须受过教育；仆人要想侍候主人，自己首先必须受过培训。一个连自己都没有受过良好教育的人能指望他把孩子们教育成什么样？这样的人太少了，我不知道能不能找到。

在这个堕落的时代，一个人的灵魂能高尚到哪儿去呢？我相信，一个父亲如果能真正意识到一个好老师的价值的话，他就不会把自己的孩子交给别人去培养，而是自己承担起教育孩子的责任。

三、教育者的任务是让孩子发现做人的准则

一个权贵曾请我做他儿子的老师，这是一份很大的荣誉，但我却一口回绝了。虽然受到了权贵的抱怨，我却认为他应该感谢我的谨慎。

试想，如果我答应了他的请求，并且按照自己的方式教育他的儿子。如果这种方法是错误的，那么对他儿子的教育就是失败的；反之，如果教育方法正确，则会导致他儿子放弃公爵的头衔，这种结果对他来说恐怕更糟。

我深知老师责任重大，而且觉得自己的能力有限，所以无论对方是什么人，我都是一口拒绝。

我相信，在看过我的书后，绝大多数人不会再向我提出类似的请求。至于那些想请我做教师的人，也可以免开尊口。因为我曾经尝试过成为一名老师，最后发现自己不适合这个职位。

有些人似乎并不相信我的话，也不认为我是在真诚地拒绝。所以，我在此公开表明我的态度和观点。

虽然我不能从事这份有意义的工作，但是我可以做一些简单的事情，于是我跟其他很多人一样，不参与教育，只撰写教育论著。和其他人不同的是，我不耽于教育方案的空想，而是用案例来详细阐明我的教育理念。

我想象出一名学生，并给他起名为爱弥儿。我将讲述他从出生到成年所接受的教育，并把我自己想象成对他进行教育的最佳人选，无论是年龄、健康，还是知识、才能，我都达到了当他的老师的标准。

还有一点，相对于老师这个称呼，我倾向于把这种人当成导师。

老师主要是传授孩子们知识，而导师主要是教会孩子怎样做人，并且他的责任不是把做人的准则教给孩子们，而是让孩子们自己去发现这些准则。

导师挑选学生跟学生挑选导师一样，都应该仔细和慎重，特别是想把这个学生作为研究教育的样本的时候更应该如此。

第一，假定爱弥儿的智力一般，因为只有普通智力的孩子才能作为这一类人的范例，而天才只是例外。

第二，假定爱弥儿生活在温带地区，因为温带气候更适于孩子的健康发展。

第三，假定爱弥儿出身豪门，因为只有富人才适合自然教育，把他培养成一个在任何环境下都能生存的人，至少让他不至于牺牲在富人的偏见之下。而穷人除了被迫接受他所处的环境，没有机会接触其他的教育。

第四，假定爱弥儿是一个孤儿，我拥有教育他的全部权利和责任，并且可以决定他的成长环境。

第五，假定爱弥儿身体健康、活泼开朗，因为只有身体强壮之后，他才能听从精神的支配。虚弱的身体不仅不能满足那些感官的欲望，反而会使那些欲望更加强烈。身体虚弱，精神也会随之枯萎。

爱弥儿出生之后就需要一个刚刚坐完月子的人来担当他的保姆。这个保姆的身体和心灵必须都是健康的。因为只能有这个保姆，而且选定之后就不能更改，所以保姆的选择非常重要。

教师也是如此，如果经常换教师，对于孩子的培养是非常不利的。每换一个教师，孩子就会在心里暗暗比较，对管教自己的人越来越不尊重，更不会有什么敬畏之心。

哪怕只有一次让孩子察觉到，大人并不是处处都比小孩强，那么年长的人便会失去威信，他所实施的教育也变得无效。

对于孩子来说，除了父母，不能把其他人当作长辈。在没有父母时，也只能把保姆和老师视为长辈，而在这两人之中，实则只需一人即可。

面对这样的情况，在教育孩子时，无论是父母，还是保姆和老师，一定要密切配合，同时要保持教育的一致性，让孩子将两者当作一人。

保姆必须生活得舒适，饮食也应该营养丰富。但要注意的是，不能突然全面地改变她的生活方式。即使这种改变是好的，也会影响保姆的身体健康。

而且，保姆利用原有的生活方式就能使自己身体健康，那么改变生活方式也就变得意义不大了。所以在我看来，只需要让保姆的饮食更丰富些就可以了。

空气质量对孩子的成长来说是关键因素，特别是孩子出生后的几年。空气会通过孩子皮肤上的毛孔对身体产生巨大的作用。

所以，与其从乡下请一个妇女到城里给孩子喂奶，我更倾向于把孩子送到乡下去呼吸新鲜的空气。爱弥儿将跟随他的新母亲到乡下去住，而他的导师也要跟过去。

我们习惯了像蚂蚁那样挤成一团的生存方式，但人类并不是生来就是如此，而是应该遍布于我们脚下所耕耘的整片大地。

要知道，人类越是聚集就越是堕落。我们的身体之所以不健全，心灵之所以不健康，全是拜这种群居的生活方式所赐。

人是最不适宜过群居生活的动物。人的呼吸会对他的同类造成致命危险，无论是理论上还是实际上，这一点毋庸置疑。

所以说，城市是埋葬人类的深渊。如果永久地生活在城市里，那么过不了几代，人类就要濒临灭绝和退化的边缘，最好的拯救办法就是回到乡村。

把孩子们送到乡下去吧，让他们在自然里获得新生，并且恢复由于人口的聚集和污浊的空气而丧失的精力。

有一些乡下的妇女认为，在城里生孩子对孩子比较好。但事实上，应该是城里的妇女到乡下生孩子。这是因为，乡下与大自然更加接近，同时也能让妇女因履行了照顾孩子的责任而变得更加快乐。

在孩子出生后，人们喜欢在温水中滴入酒给孩子洗澡。我认为，加酒这一步骤大可不必，酒是由人类制造出来的，对大自然创造的人恐怕没有什么帮助。

给婴儿洗澡的时候要用温水，随着他们的身体变得越来越强壮，洗澡的水温也要越降越低，直到他们养成无论春夏秋冬都用冷水或冰水洗澡的习惯，并且终生都将这个习惯保持下去。

这样做的目的不仅仅是让他们保持身体的洁净和一时的健康，而是将之作为一种增强体质的办法。长此坚持下去，他们的肌肉纤维会变得更加柔和，从而能够自如地应付恶劣的天气。无论是酷暑还是严冬，他们都能很快地适应，并且毫无危险地度过。

切忌把婴儿包裹得严严实实的。戴帽子、系带子、包襁褓，这些通通都不要。给他们穿上宽松的衣服，让空气抚摩他们的肌肤。让他们自由伸展自己的肢体，等他们变得强壮一些的时候，就让他们自由地在房间里爬动。

这样一来，孩子会一天比一天强壮，与用襁褓紧紧包裹着长大的孩子相比，孩子的发育情况令人吃惊。

生命诞生的时候就是教育开始的时候。孩子刚一出生就是一个学生，只是他的老师不是我们，而是自然。

老师的工作只是配合自然，并且要防止自己对孩子的关心与自然相背。老师照顾着孩子、观察着孩子，跟随着孩子，静静地等待着他散发出第一道理性的光辉。

四、教育在孩子出生的时候就开始了

孩子的学习能力是天生的，但是在刚出生的时候他们一无所知，并且丝毫没有判断能力。婴儿的心灵被束缚在不完善也不成熟的器官里，他们甚至感觉不到自身的存在，他们的啼哭和动作都是不受意识支配的机械行为，没有任何个人意志在里面。

我想重申一遍，孩子的教育在他出生时就开始了，在他还不会说话和听懂别人的话时就已经接受教育了。经验早于教育，在孩子认识自己的乳母时就已经具有很多经验了。

一个人的知识由两部分组成，一部分知识大多数人都知道，另一部分知识只有少数专家学者可以掌握。当然，后者与前者相比是非常渺小的。

然而，这种共有的知识并没有得到相应的重视，因为它们是在不知不觉中得到的，几乎没有花费什么力气，而学问却受到重视。

婴儿的感觉全是感性的，他们唯一能感觉到的只有快乐和痛苦。因为他们没有行动能力，所以要想让他们形成对外物的表征性的感觉是一件很困难的事情。

当那些外物时而消失时而出现，变化形状或者大小的时候，那些表征性的感觉会反过来让他们处在习惯的支配之下。

婴儿总是习惯于把眼睛朝向有阳光的地方，如果光线总是从一个方向射入，那他们的眼睛就会长时间地偏向同一个方向。为了防止他们成了斜视，我们必须采取措施让他们背向阳光。另外，他们也要尽快习惯黑暗，否则的话一关灯他们就开始大哭大闹。

如果我们总是让他们定时吃饭、睡觉，那他们每过一定的时间就要吃饭或者睡觉。可他们并不是真的饿了或者困了，只是出于习惯才去这样做而已。

换句话说，他们本来只有自然需要，可习惯却给他们增加了一种新的需要，我们必须阻止这种现象的出现。

孩子拥有的唯一习惯应该是不染上任何习惯。我们不能总是用同一只胳膊抱他，不能总让他使用同一只手拿东西，不能让他到了时间就想吃饭、睡觉，而是让他自由支配自己的身体，当他有了自己的意志之后，就按自己的意志行事。

当孩子有了自己的判断力之后，我们就不能什么东西都让他接触了。好奇是孩子的天性，可由于他太过柔弱，所有的新事物都会让他恐惧。只要他养成了不被外界事物影响情绪的习惯，这种恐惧就会消除。

如果一个孩子没见过蜘蛛，那他很可能就会被这种动物吓着，甚至他长大之后，这种阴影都不会消除掉。我在乡下就从没有遇见过害怕蜘蛛的人，无论男人、女人还是小孩。

我们选择让孩子接触到的东西，决定了将来他是成为一个胆小鬼还是一个勇敢的人。有鉴于此，我们要在他学会说话或听话之前就对他就进行教育。

我们要多让他接触新的东西，包括难看的或丑陋的以及其他一切古怪的动物，但是一开始的时候不要把这些东西放在他的面前，而是让他先从远处看，因为这需要一个习惯的过程。

孩子对面具似乎天生就充满了恐惧。在我帮助爱弥儿克服面具恐惧时，我先挑选了一个比较好看的面具给他看，然后让一个人当着爱弥儿的面戴上面具，紧接着我笑了，在场的其他人也笑了，爱弥儿见状也笑了起来。

然后，我拿出比较难看的面具让爱弥儿看，当他习惯后，我又拿出比较凶狠丑恶的面具给他看。我想，如果我安排恰当，当爱弥儿看到丑恶的面具时也会哈哈大笑，我也不必担心有人会戴着面具吓唬他。

当赫克托和安德罗马克分别的时候，他头盔上的羽饰把他的儿子小阿斯塔纳克斯吓坏了，以至于他没有认出那是自己的父亲，于是大哭着一头扎到乳母的怀里，他的母亲在一旁哭笑不得地看着他。

为了消除儿子的恐惧，赫克托采取了这样的措施：他把头盔摘下来放到地上，然后去哄他，等他慢慢地镇静下来了，赫克托又拿起自己的头盔，随意摆弄着上面的羽毛，并叫他过来一起玩。乳母见状也笑着走过来，从赫克托手里拿过头盔戴在自己头上。

我还发现，如果那些雷声不是很响，或者不会对他们的耳朵造成伤害，孩子们一般都不害怕打雷，只有当他们觉得雷声确实能危及他们的安全的时候，他们才会感到害怕。

一旦出现这样的情况，我们要借助于习惯的力量来帮他们消除恐惧。只要我们在培养孩子的时候有足够的耐心，他们就会像成人一样对什么东西都不再感到害怕。

在生命的最初状态，孩子的记忆力和想象力尚未获得发展，只有那些能够刺激他们的感官的东西才能够引起他们的注意。

他们所有的知识来源于感觉，所以我们要循序渐进地让他们接触外界的东西，这个过程有助于培养他们的记忆力，直到有一天他们能够理性地记住这些东西出现的次序。由于孩子只有感觉，所以我们要做的就是告诉他们这种感觉是由哪种事物带来的就可以了。

出于好奇，他们看到什么东西都想去摸一摸，手脚一刻都不停下来，这时候我们千万不要去阻止他们。

因为只有经过亲自体验，充分运用自己的视觉和触觉，他们才能慢慢学会分辨事物的冷热、软硬、轻重、大小、形状以及其他一切用感官可以感知到的性质。

只有通过自己的实践，孩子才会知道有些事物和自己不是一体的，而是离自己有远有近。起初，孩子的头脑里是没有距离的观念的，所以凡是他们看到的东西，他们都会伸手去抓，不管那个东西是在他身边还是离他很远。

他使劲伸着自己的胳膊，好像在命令那件东西来到自己的身边，或者命令你帮他把东西拿过来似的。其实不是这样的，他只是无法分辨距离的远近罢了。

为了解决这个问题，我们不要让孩子经常待在一个地方，而是要让他们经常出去走走，好让他们感觉到位置的变换以及距离的存在。

当他们有了距离感的时候，他们要去的地方就不能再由他们自己决定，而是由我们做主了，因为只要他们感觉自己是对的，他们就会按照自己的感觉去行动。

由于婴儿的身体比较柔弱，处境也比较艰难，所以他们总是用啼哭来表达自己的情感。他们不能满足自己的需要，于是就通过啼哭向别人寻求帮助。

饿了渴了，他们会啼哭；冷了热了，他们会啼哭；想动却不能动，他们会啼哭；想睡却不能睡，他们会啼哭。只要感觉到了不舒服，他们就会啼哭。

由于他们的器官发育得很不完善，所以他们还没有区分不同感受的能力，对他们来说，凡是不顺心的事情都会给他们带来痛苦。

我们很少会关注婴儿的哭声，但是他们和这个社会最初的关系却是在啼哭声中产生的。如果说社会秩序是一条长长的锁链，那这就是其第一环的起点。

当孩子感觉不舒服的时候，他就会啼哭。我们要努力去发现到底是什么原因没有让他们得到满足。只要我们满足了他的需要，他们就会安静下来。

可如果我们无法找出其中的原因，他们就会大哭不止。于是我们只好哄他们入睡，慢慢地摇着他们，拍着他们，给他们唱催眠曲。

如果这些都不奏效的话，我们就会失去耐心，开始呵斥他们，甚至打他们。这样的教育方式很怪异，但却被我们理所当然地运用着。

对于孩子这种易怒的性格，我们绝不能掉以轻心。起初，孩子们的啼哭表达的是一种请求，一旦得不到满足，请求就会变成命令。如此一来，他们由于柔弱的身体而对别人产生的依赖到头来却演变成了对别人的支配和命令。

　　他们之所以产生这样的想法，不是出于本身的需要，而是我们的侍候。我们发现，道德的影响并不是源于人的天性，所以从孩子刚一出生，我们就必须特别在意他们不同的表情或不同的哭声所表达的诉求。

　　孩子伸手去拿远处的某个东西，如果他一声不吭的话，很可能是因为他分辨不出自己和东西之间的距离。但是，如果他大哭大闹，那就是在命令那个东西主动过来，或者让我们帮他去取。

　　如果是第一种情况，我们可以把他抱起来，带他去拿那个东西。如果是第二种情况，我们就不要理他，如果他哭得更厉害了，我们就更要对他视而不见。

　　这样就会让他知道自己不是谁的主人，而且没有权利对任何人或者任何东西下命令。孩子看见了一个东西，或者别人拿给他一个东西，如果他想要的话，我们不要拿给他，而是抱起他过去拿。这样做的目的是为了给他启发，而且这种给他启发的方法也与他的年龄相称。

五、善恶是非原本就在孩子的本性里并存

只有拥有理性，我们才有能力区分善恶。尽管人的良心是独立于理性的，但如果脱离了理性，人的良心就无从发展。

在还没拥有理性的年纪时，无论我们行善还是为恶都不是出于自己的判断，甚至可以说我们的行为没有善恶之分，尽管有时候也能够区分出别人的行为是出于善意还是恶意。

孩子都有搞破坏的心理，他总是习惯于把拿在手里的东西打烂，或者随意摔死一只小鸟，就好像摔的是一块石头一样，而他根本就不知道自己做了错事。

怎样解释孩子的这种行为呢？按照哲学家的说法，人的本性中有诸如骄傲、自私、好胜等邪恶的成分。

除了这些，或许还可以再加上一点，正因为孩子的身体是柔弱的，所以他倾向于做一些暴力的事情，好向他人证明自己的力量，好让别人确信自己的身体不是柔弱的。

人的生命是不断循环的，再看那些体弱多病的老年人，他们的身体重新恢复到了孩子时的柔弱状态。他们身体衰竭，渴望平静，并且希望周遭的一切都是静止的，哪怕微小的变动都会搅得他们心神不安。

老人和孩子的身体都是柔弱的，但是他们的行为为什么会截然不同呢？除了身体状况的不同，我们还可以从以下方面探究其中的原因。

老人和孩子都同样具有生命的活力，不同的是，孩子身上的活力正在不断增长，而老人身上的活力却在逐渐消逝。

一个走向生，一个走向死；一个正在极力扩张，一个正在迅速衰退。只要旺盛的生命力这一点就足以让孩子周遭的一切都变得活跃起来。

孩子们做什么都不重要，只要能改变原有事物的状态，以此证明自己的力量就可以了。

在他所有的行为中，如果破坏行为比较多，这也不能说明他是个坏孩子。因为破坏总比建设容易得多，所以说破坏更适合于他现在的生命状态。

虽然孩子的生命力是如此旺盛，但是造物主却赋予他们极小的行动能力，以免他们对自己或者别人造成伤害。如果他们学会了运用工具或者倚仗他人，他们就会不择手段地满足自己的欲望。

就这样，他们变得越来越蛮横无理，令人生厌。但是他们这种支配他人的心理是后天形成的，绝非天生如此。

久而久之，他们就会形成这样的心理体验：借别人的手给自己办事，而自己只需要动一下嘴皮子，这的确是一件很惬意的事情。

长大之后，随着身体变得越来越强壮，孩子们也不会再像以前那样烦人，而是更懂得克制自己的情绪了。虽然身体可以随精神的意愿随意行动了，但是除了自我保护之外，大自然不允许他们从事别的活动。

驾驭他人的欲望早已在他们心底扎根，不可能轻易地清除。在这种欲望的驱使下，他们开始滋生出虚荣心，并且在习惯的作用下，这种虚荣心还在无限地膨胀着。

紧接着，各种非正当的念头接连出现，就这样，他们的偏见伴随着个人意见的形成产生了。

明白了这个道理之后，一旦他们偏离了自然的道路，他们就很容易觉察到，并且很清楚应该坚持怎样的原则才能重新回到这条路上。孩子的力量极为有限，不足以完成大自然对他们的要求。

因为他们不会随便乱用这些力量，所以凡是自然赐予他们的力量，就让他们尽情使用吧。这是准则之一。

不论是智力方面还是体力方面，凡是出于身体的需要，我们都要对孩子们实施帮助，以弥补他们自身的缺陷。这是准则之二。

我们只需在他们真正需要的地方帮助他们，至于那些无理取闹或者过分的要求，我们决不能纵容。因为那些要求不是出于自然，就算得不到满足，也不会给孩子带来痛苦。这是准则之三。

认真观察他们的语言和动作。因为他们还没有学会假装，所以我们能够辨别出他们哪些需要是出于自然，哪些需要是自己所想。这是准则之四。

这些准则的核心原则就是：**多给孩子们一些自由空间，少替他们做些事情，好让他们多些自己动手的机会。**

这样，他们就不会生出自己能力之外的欲望来了，不会感到自己的力量被剥夺了，同时也不会生出役使别人的想法来。

我们要做的就是保证孩子们的安全，只要他们不至于因跌倒或触碰别的东西而伤害到自己，我们就应该给他们足够的自由去活动他们的身体。

身体能够自由活动的孩子比起身体受到束缚的孩子来，哭泣的次数要少很多。此时的孩子只有身体上的需要，当身体不舒服时，孩子才会哭泣。

孩子哭泣实际上是需要成人帮助的信号，如果你提供正确的帮助，就不要试图用抚摩让孩子不哭。如果你这样做了，只会让孩子找到制服你的办法，让你成为他的奴隶。

在孩子的日常活动中，当他受到的阻碍较少时，他哭泣的次数也会相应减少。在我看来，越是没有人管束的孩子越不爱哭。

当然，我并不是说让大人对孩子不管不顾。相反，我们要能预知孩子的想法，在他哭泣前就满足他的需要。

但需要注意的是，不能让他误解这种关心。当孩子知道哭泣可以让自己的需求得到满足后，就容易用哭来要挟大人。

如果孩子一直哭个不停，原因却不是身体不舒服或需求没有得到满足，而是哭泣已经成了一种习惯，或者有执拗的脾气。

这大多是由于保姆的做法不当造成的。如果想要预防或者改变这种情况，只需要不理睬孩子的哭泣行为就可以了。

在这个世界上，不管是谁都不喜欢做没有价值的事情，孩子也是如此。当他发现哭泣并没有使自己得到满足后就不会再轻易哭泣。

当然，最初孩子会非常顽固，我们一定要狠下心来，坚持到最后。这样一来，孩子便会放弃哭泣，养成少哭的习惯。

想要制服哭泣的孩子，还有一个办法是用好玩的东西吸引他们的注意力，让他们忘记哭泣这件事。大多数保姆对这种方法都会无师自通，效果也很好。

需要注意的是，在这个过程中，保姆一定不能让孩子知道自己是有意让他们分心的，也不能让他们发现保姆在注意他们。

一般来说，孩子断奶的时间都比较早，最好的断奶时机应该是在孩子长牙后。长牙时，会有一定的疼痛，孩子会本能地拿一些东西放到嘴里咬。有些成人以为，让孩子咬硬的东西可以帮助牙齿生长，这是错误的。

硬东西会使牙龈上长出老茧，牙齿冲破老茧长出来时会更加疼痛。通过观察动物的行为，我们也可以找到正确的方法。

例如小狗磨牙时不会去咬硬骨头，而是撕咬木头、皮革、破布或者其他柔软的东西，这些都不会伤害到牙齿。

当然，要想帮助牙齿更好地发育，可以多让孩子练习咀嚼。当孩子试着咽东西时，唾液会帮助孩子消化食物。

六、教孩子说话不能急于求成

从出生那天起，孩子们就开始听我们说话了。在他们还听不懂我们在说什么的时候，或者在他们学会模仿听到的声音的时候，我们就不断地跟他们说话。

有些保姆经常让孩子听一些动听的儿歌，我并不反对这种做法，只要她们不在孩子耳边絮絮叨叨说个不停就可以了。

在跟孩子说话的时候，语言一定要简单、清楚，必要的话可以经常重复。我们可以把他们看到的物体的名字讲给他们听。切忌对孩子说那些长篇大论的废话，这会搅得他们头昏脑胀。

针对孩子的语言形式和语言结构这个问题，人们的想法不一。无论我们用怎样的方式教他们，到头来他们学会说话的方式都是一样的。

如果仔细研究孩子们的语言，我们就会发现他们的语言中含有大量的类同语。这些类同语说起来很生硬，而且也不符合语法规范，很难令一些人接受。但是，如果我们试图去纠正孩子们语言上的错误就没有必要了。

随着时间的推移，他们会进行自我修正。只要我们在跟他们说话的时候没有错误，他们就会在潜移默化中按照我们的语言习惯去纠正自己的语言。

我们经常犯的另一个重大错误就是，在教孩子说话的时候总是急于求成。这样做的结果往往与我们的期望相反，孩子不但没有很快学会说话，反而发音更加不清晰了。

由于别人对他们的关注太多，所以他们总是试图发准每一个音节来博得别人的赞赏。一旦他们没有把握把音发准，他们就会害怕张开嘴巴，有的甚至留下终生的毛病，说话不但没有条理，而且也说不清楚。

在学说话的时候，孩子们在语言上的小毛病都是可以纠正的。但是，如果我们经常打击他们，挑剔他们说话的声调，指责他们所用的字眼，他们就会羞于在人前说话，这种心灵上的伤害是很难弥补的。

学说话的时候，孩子们只要听那些他能听懂的话，或者发那些他能发出的音就够了。当他结结巴巴地表达不出他想说的话的时候，我们完全没有必要非得弄清他话里的意思。

强迫别人听懂自己的话，明白自己的意思也是一种渴望支配别人的表现，不能让孩子们养成这种习惯。

遇到这种情况，我们只要认真听他说话就够了，至于孩子话里的意思，应该让他们自己想办法表达清楚。在教孩子说话这件事上，切不可急于求成，等他们认识到语言的用处的时候，他们自然就会学会说话了。

虽然孩子们还没有到学说话的年龄，我们却迫不及待地教他们说这说那，这样做最大的弊病就是，我们根本就不理解他们的意思，而他们也不理解我们的意思。在孩子的语言里，词汇的意思和我们的不相同，结果只能导致双方的误解。

所以，孩子所掌握的词汇太多并不是一件好事，**如果孩子所掌握的词汇多于他们的观念，那他们的思想就跟不上他们的表达**，这对孩子没有丝毫益处。我觉得，乡下人的思路比城里人清晰，这是乡下人的词汇量比较少的缘故。

孩子各方面的发展是同时起步的，他开始学说话、学走路和学吃东西的时间几乎是一样的。这是他生命的开始，在这之前，他在母亲怀中的一段时间几乎没有任何改变，他没有情感，没有思想，没有感觉，甚至不知道自己是个存在。

正如奥维德的一句话所说："他活着，却意识不到自己活着。"

第二卷

儿童期（2～12岁）

一、不要过度呵护婴儿期的孩子

婴儿期结束之后，孩子就进入了人生的第二个时期：儿童期。

伴随着孩子会说的话越来越多，他们哭的次数会越来越少。这是很自然的事情，意味着人类用一种语言形式代替了另一种语言形式。

如果他们拥有了足够的语言能力去表达自己的痛苦，而且这种痛苦没有严重到无法诉诸语言的程度，他们就不会以啼哭的方式来表达自己的情绪了。所以说，如果孩子总是哭闹，肯定是看护他的人哪里做得不好了。

如果爱弥儿边哭边叫嚷着他"很疼"的时候，我绝不会过去看他，直到他止住哭声，我才会到他身边去。

如此一来，他慢慢地就会知道哭是没有用的。若想请求别人的帮助，他必须保持安静，或者只能哭一两声。

孩子们是根据别人对他们哭声的反应来判断自己的感觉的，所以他们的哭声里的意思每一次都不相同。

我们经常看到，一个孩子无论受了多大的委屈或者是遭遇了多大的伤痛，只要没有人在他旁边，他就很少哭。他之所以哭，大多是因为想让别人听到他哭。

如果他跌倒了，摔伤了头部，磕破了鼻子或者擦掉了手指上的皮，我不会表现得一脸慌张，而是平静地站在旁边，或者过一段时间再走过去安慰他。

是他自己跌倒在地，所以他就得自己承担后果。其实，受伤的时候，受伤所带来的恐惧感比受伤本身更让他难受。

他会根据我的反应来判断自己受伤的程度。我表现淡定的话，自然就会减轻他所能感觉到的痛苦。如果我慌慌张张，他肯定也会紧张；如果我若无其事，他也会觉得无关紧要。

我要在他小的时候就锻炼他的勇气，让他学会看清那些小痛苦，这样将来才能直面更大的痛苦。

我不会整天小心翼翼地保护着爱弥儿，如果他的成长过程中没有经历过一点点伤痛的话，我会觉得是自己的失职。

人生中难免会遇到伤害，这是他应该知道的第一件事情，也是他最应该知道的一件事情。孩子们的柔弱是他们没有遭遇过伤害的必然结果。

孩子自己跌倒了，他不至于摔断自己的腿；孩子不小心用棍子打到自己，他不至于弄断自己的胳膊；就算他手握一把刀子，他也不会因握得太紧而划伤自己。

除非是我们不经意地把孩子放在高处，或者把他一个人丢在火炉旁，又或者把危险的工具放在他触手可及的地方，否则孩子不会仅凭自己的力量就把自己折腾得遍体鳞伤。

有的人使尽了浑身解数来保护自己的孩子，可等孩子长大了他们就会发现，孩子比小的时候更加柔弱了。一点点挫折就可以把他击垮，一点点伤痛就让他觉得自己就要丧命。

我们都有好为人师的心理。有些东西，孩子仅凭自己的能力就可以学会，可我们非要去教他，而对于那些必须经过我们的引导孩子才能学会的事情，我们却置身事外。

我们想方设法教孩子走路，生怕孩子因为保姆的失职而延迟了学走路的年龄。我们费尽心思，可到头来有多少孩子都走不好路，留下了终生的遗憾啊。

我不会给爱弥儿准备那些诸如学步车、学步带之类的工具，我要让他自然而然地学会如何把一只脚放到另一只脚的前面。走到石子路上的时候，或许我会扶他一把，其他时候我都会让他自己走。

我也不会让他整天闷在屋子里，而是要带他到室外，最好是草地上，让他尽情地跑，尽情地跳，就算跌倒100次我也不会在意。他很快就能明白跌倒后再爬起来的意义，这足以弥补跌倒所带给他的小小的疼痛。

虽然我的学生会经常受点儿小伤，但他的心灵是快乐和自由的，而你对你的学生的保护也恰是对他的束缚，这只能让他终日处于郁郁寡欢之中。我实在不知道你的这种做法有什么用处！

二、童年，快乐比什么都重要

随着孩子的身体变得越来越强壮，他就会发现哭泣是没有意义的。这时候，他已经有了满足自己愿望的能力，所以不用再经常求助于他人。体力增强后，他的智力也会得到发展，从而懂得怎样合理运用自己的体力。

在人生的第二阶段，儿童有了独立的意识，开始了个人生活。由于有了记忆力，他的感觉能够延伸到他以后的生命之中。

此时，孩子开始掌管自己的意识，成了一个独立的人。他能感受到快乐和痛苦，并且已经是一个具有精神的存在了。

我们可以给人的生命设定一个最长的期限，并且每个人在每一个年龄段都有机会达到这个期限。但是，这个世界上最不确定的东西就是人的寿命了，能够达到那个期限的人少之又少。

一个人的人生经历越少，那他生存的可能性也就越小，所以说，人在生命的初始阶段遭遇危险的可能性最大。初生婴儿的存活率非常低，大概只有一半的孩子能够安全长大成人，或许你的学生不包括在这一半之内。

现在的教育强加给孩子各种各样的束缚，让他们终日生活在痛苦之中。为了我们强加给他们的那些不确定的未来，我们牺牲了他们的现在，真不知道我们在这样做的时候是怎么想的。

就算我们的目的是好的，可当我们看到那些孩子因不自由而郁郁寡欢的时候，我还是会忍不住感到愤怒。

孩子们就像囚犯一样，在我们的奴役下从事着繁重的劳动，可想而知，这样的教育对他们能有什么好处。

就这样，孩子们在永无止境的惩罚和哭泣声中度过了本该无忧无虑的童年。我们剥夺了他们的快乐，甚至葬送了他们的生命，却美其名曰全是为他们着想。

想想看，有多少父亲和老师以爱的名义摧残着那些孩子？又有多少孩子牺牲在这种摧残之下？

或许，这样悲惨的经历带给孩子们的唯一好处就是，当他们离开人世的时候不会对这个让他们饱受痛苦的世界有任何留恋。

真正的对孩子的爱护是给他们足够的嬉戏和玩乐的空间，培养他们善良的品行。有谁不留恋那美好而恬静的童年呢？

童年时光稍纵即逝，我们为什么非要剥夺他们享受这段天真烂漫的人生的权利呢？时间对任何人都是公平的，只要失去了就永远不会再回来，我们为什么要让他们在悲伤和痛苦中度过呢？

那些做父亲的，你们永远不知道上帝什么时候就把你的孩子的生命夺走了，所以让他们尽情去玩耍吧！只要他们能感受到快乐，就让他们痛快地去追求吧，就算哪一天他突然离世了，你也不会因没有让他享受到生命的乐趣而后悔莫及。

我知道，肯定会有很多人站出来反对我的观点，我仿佛已经听到了那些自作聪明的人的叫嚣了。

你们把孩子们塑造成你们想象中的样子，丝毫不顾及孩子自己的意愿，为了那虚无缥缈的未来，你们牺牲了孩子们的现在。你们不亦乐乎地为孩子们做着安排，可你们那不切实际的愿望根本就不可能实现。

你们这样回应我，说童年时期是改变一个人的坏毛病的最佳时期，所以你们觉得就应该让孩子们多受点儿苦，这样他们将来就能少受点儿苦了。

但是，谁赋予了你们这样的权力去随意安排孩子们的人生？谁又能肯定你们的良苦用心带给孩子们是幸福而不是伤害？谁又能保证你们强加给孩子们的痛苦会减少他们将来遇到的麻烦？

既然你们无法证明现在多承受些痛苦将来就能够多享受些幸福，

那为什么还要在他们本该无忧无虑的年纪让他们过水深火热的日子呢？还有，你们怎么知道孩子的坏毛病是孩子的天性使然，而不是你们一手培养起来的呢？

为了让孩子获得明天的幸福，却以今天的快乐为代价，这是多么愚蠢的想法啊！自由快乐的孩子和娇生惯养的孩子是不一样的，可那些所谓的理论家却把两者混为一谈。现在我就来谈谈两者之间的不同之处。

在人的一生中，童年有它的地位，就好像在自然的秩序中，人类有它的地位一样。

我们要尊重孩子的天性，让他们按照自己的意愿去发展自己的才能，不能整齐划一地全部把他们培养成同一个样子。至于那些自然因素，是我们所不能控制的，如果我们过多地干涉，反而会适得其反。

幸福和痛苦都是主观感受，我们每个人都很难感受到绝对的幸福和痛苦，更不可能从一件事情上同时体验到这两种感觉。人的感觉和身体一样，时时刻刻都处在变化之中。

不同的人遭受的痛苦的程度是不同的，遭受的痛苦越少，人就会感觉越幸福。在我们的人生中，痛苦总是多于幸福，所以一个人幸福的程度是以他遭受的痛苦的多少来衡量的。

痛苦源于想摆脱痛苦的欲望，幸福源于想获得幸福的欲望。欲望意味着缺乏，而缺乏会导致痛苦。

所以，一个人若不能满足自己的欲望，那他就不会幸福，那些真正幸福的人一定是那些有能力满足自己的欲望的人。

那么，怎样才能获得真正的幸福和智慧呢？

有人说，减少自己的欲望不就行了吗？错。人一旦没有了欲望，那他的能力就得不到充分的发挥，能力得不到发挥人就会感觉空虚。

那提高自己的能力是不是就可以了呢？错。人的欲望会随着能力的增加而膨胀，结果只能导致更深的痛苦。

最好的办法是达到欲望和能力之间的平衡，用拥有的能力去满足拥有的欲望。能力得到充分发挥的同时，欲望也得到了满足，这样人就能保持内心的平静，从而投入到有序的生活之中。

最初，人的欲望是有限的，所以大自然只赐予人有限的能力，而把更大的能力隐藏在人的内心深处，等到需要的时候再爆发出来。

只有在人生的最初阶段，我们才能享受到真正的幸福，因为只有那个阶段我们的欲望和能力是平衡的。

在我们的潜在能力中，有一种叫作想象力。一旦我们的潜在能力被激发出来，想象力就会超越其他能力而一路领先。凭借丰富的想象力，各种好的坏的关于未来的可能性全都呈现在我们面前。如此一来，一连串的欲望接踵而至，迅速霸占了我们大脑中的所有空间。

于是，我们开始展开追求，可等我们终于实现自己的目标的时候却发现它早已不是我们想象的那样，我们想要的依然离我们很远。

我们看不到自己过去的努力有什么价值，而对前景的渴望却在不断增长。我们拼尽全力却看不到尽头，甚至觉得自己明明在享受生活，却没有任何幸福可言。

人越是接近自然状态，能力和欲望之间的差距就越小，因而更容易获得幸福。我们拥有的东西越少，所感觉到的痛苦也就越少，因为让我们痛苦的不是缺乏什么，而是需要什么。

现实世界是有限的，而想象的世界则没有边界，既然无法扩大现实，那我们只有抑制想象了，因为这两者之间的差距导致了种种痛苦的产生。

除了公认的幸福因素健康、体力、良知以外，每个人对人生幸福的理解都各不相同。事实上，除了身体上的不适和良心上受到的谴责，其他一切痛苦都源于个人的想象。

有些人会说，这些道理他们都了解。我相信这种说法。不过，道理是一回事，真正实施起来却又是另一回事了。在这里，我想要说的是道理的实施问题。

我们经常用"柔弱"来形容一个人，这里所说的"柔弱"其实指的是一种生存关系。只要能力足以满足需要，就算是一只昆虫，也可以说它是强大的；反之，如果需求总是大于能力，就算是大象或者狮子，甚至英雄或者天神，也是柔弱的。

与那些按照自己的天性过着平凡而快乐的日子的凡人相比，不顾自己的天性而一味蛮干的天使是柔弱的。一个人如果总是做力所能及的事，那他就是强者，如果总是做力所不及的事，那他就会变成弱者。

你的体力并不会随着官能的扩大而增加，如果你的骄傲之心膨胀快于体力的增长，那么你的体力反而会因此而减弱。

我们要在属于自己的范围里活动，就像蜘蛛总是待在网的中间位置一样，这样我们就总能处于一种满足的状态中。我们不会抱怨自己的柔弱，因为我们没有感觉到柔弱。

一切动物的能力都是与其自我保护的需要平衡的，只有人的能力会出现被闲置的状况。正是这高级之处把人类推进了痛苦的深渊之中，这是多么奇怪的一件事情！

一个人靠自己的双手所生产出来的东西足够满足他的生存所需，如果他足够明智的话，他不会在意那些多余的东西，而是始终处于一种满足的状态中，因为他没有了其他的奢求。

法沃兰曾经说过："一个人的财富越多，他想要的东西也就越多。所以，要想获得自己所缺少的东西，最好的办法就是舍弃自己所拥有的东西。"

所有的痛苦都源自对幸福永无止境的追求。一个人如果能在自己现有的物质基础上安排自己的生活，那他就会很快乐。同时，他也会是一个善良的人，因为他根本就没有做坏事的必要。

人类社会充斥着各种荒唐而矛盾的事情。我们越是失去生命的价值，越是留恋生命，所以老年人比年轻人更珍惜活着的每一分钟。

我们年轻的时候，几乎都是在为以后的幸福生活做准备，残酷的是，很多人到了60岁就死去了，丝毫没有享受到人生的乐趣。

人人都爱惜自己的生命，可并不是所有人都知道，这种爱惜其实是由我们的境遇决定的。从天性来看，人只有在有能力保护自己的生命的情况下才会害怕死亡，一旦丧失了这种能力，内心就会变得很平静，当死亡降临的时候，则能够处之泰然。

人总是在为未来做打算，可正是这种"打算"驱使我们去做那些超出我们的能力并且没有丝毫意义的事情，从而让自己沦陷在无边的痛苦之中。

生命稍纵即逝，可我们却用全部心思去幻想那虚无缥缈的未来，而全然不顾触手可及的现在，这是多么愚蠢的行为！

这种愚蠢会随着年龄的增长而增加，危害也会更大。看那些老年人，他们对什么都不确定，对什么都斤斤计较，用今天的节约来换取百年之后那已经失去意义的一切。

我们绞尽脑汁去攫取属于我们的或者不属于我们的东西；我们不断完善自己，以获得更强的存在感，并试图拥有整个世界；我们被别人的态度左右着，别人对我们的一点点轻微的伤害就会让我们痛苦不已。

有多少君王的悲痛来自失去了自己从未见过的土地？有多少身在巴黎的商人因不能插手印度而伤心？

是大自然让人迷失本性的吗？是大自然使人通过观察别人的命运了解自己的命运，直到生命最后一刻才知道自己的命运轨迹，以避免过早地知道死亡的愉悦或悲哀吗？

生活中有这样一个人，他身体很健康，每天都高高兴兴的。不论他走到哪里，都能给别人带来欢乐。从他充满笑意的脸上，可以看出他是个幸福的人。

后来，他收到了一封信，他拆开后看了看，脸色顿时惨白，由于经受不住打击，他居然昏倒了。

而在他醒来后，不仅没有恢复以往的神态，反而大声哭泣，大喊大叫，不停地撕扯着自己的头发，就像发了疯一样，又像得了痉挛症。

这个原本幸福的人真是一个蠢人！这封信并没有折断他的手或脚，也没有使他犯下罪行。可是，这封信却让他的内心产生巨大变化，表现出一系列的疯狂言行。

如果那封信因为地址错误没有到他手中，或者被一个好心人烧掉，那么这个人的命运也会变得很奇怪。有人说，这个人是真的痛苦，而他的幸福是想象的。是的，只是他以前没有察觉到而已。

人啊！把你的欲望限制在你的能力之内吧，这样痛苦就会离你而去。大自然有它本身的秩序，安心地坚守在大自然所赋予你的位置上，无论发生了什么事情都不要脱离了那里。

不要试图与大自然的法则抗争，更不要因此耗尽自己的体力。大自然赋予你体力，不是让你用来延伸或者扩展自己的，而是让你按照它的指示并在只属于你的领域里去生存。

只有天生的体力以及其带来的权利和自由是属于你的，超出这个领域之外的一切东西都是幻想、虚名或者奴役。

当权力受到舆论的左右时，掌权的人就变成了奴隶，因为你的意见不得不随着你所控制的那些人的意见而改变。

要想按照你的意愿去支配他们，你首先得按照他们的意愿行事。他们改变了想法，你就必须调整你的行为。

一个人只要控制了你所控制的人或者你所爱的人的思想，只要控制了你的家人或者你自己的思想，那么不管他是个大臣、军人、僧人、仆人、爱说闲话的人、小孩子，他都能轻而易举地去驱使你，你就像一个孩子一样，丝毫没有反抗的能力。

你可以随心所欲，可一定要把你的权力限制在你的能力之内。一旦你开始用他人的眼光观察事物，那你的意志很快也就变成了他人的意志了。

"人民是我的臣属。"你骄傲地宣称着。可你自己呢？你受着那些大臣的支配。那些大臣又是怎样呢？他们受着他们的属员和情人的支配。人总是自己的仆人的仆人。

你拥有无尽的财富和至高无上的权力，于是你开始大把地挥霍，你筑炮台、竖绞架、建监狱、铸锁链，你增加军队、密探、刽子手的数量，你颁布种种法令。

你是一个多么可怜的人啊！这样做对你有什么好处呢？你既不能从中获利，又不能降低你遭他人抢劫、欺骗的概率，更不能因此获得更多的绝对权力。你经常把"我想这样做"挂在嘴边，实际上你做的都是他人想做的事情而已。

靠自己的能力而不是借他人之手来实现自己意志的人才是幸福的人。所以，对于人来说，自由比权力更加珍贵。

一个自由的人只会对他能得到的东西怀有欲望，只会去做他乐意去做的事情。这就是我的第一个原理，并且很适用于儿童。所有的教育法则都源于这条原理。

社会把人变得更加柔弱，不仅仅是因为社会剥夺了人使用自己的力量的权利，还在于社会让人不能凭借自己的力量满足自己的需要。这就是人的身体越是柔弱欲望就越强的原因，也是孩子比成人更加柔弱的原因。

成人比孩子强，这种说法并不是说成人比孩子拥有更多的绝对力量，而是就自然状态来说的，成人比孩子更能满足自己的需要。

所以说，成人有的是意志，而孩子有的是幻想，因为孩子想得到的并不是出于他真正的需要，而且这种需要必须在他人的帮助下才能实现。

这种帮助主要来自父母，可父母的帮助不是过多就是过少甚至被误用。为了让孩子尽早适应文明社会的生活，父母总是迫不及待地激发或者赋予孩子各种需要，到头来不但没有让孩子变得更加强壮，反而加深了他的柔弱程度。

除此之外，父母还强迫孩子去做那些连大自然都不允许的事情，比如把自己的意愿强加到孩子身上，让他按照自己的意愿行事。父母和孩子之间的关系变成了施爱者对弱者的奴役，或者弱者对施爱者的依赖。

有足够理性的人知道保持自己的地位，可孩子却不知道怎样做，他甚至都意识不到地位的存在。离开自己现有地位的道路有千百条，所以仅凭孩子的看护者就想把孩子固定在原地，这几乎就是不可能的事情。

他不是动物，也不是成人，仅仅是个孩子而已。他应该意识到自己是柔弱的，但不能由此感觉到痛苦；他有依赖成年人的权利，但不需要受成年人的支配；他可以提出自己的要求，但不能下命令去指挥谁。

除非是他确实有这种需要，并且别人比他自己更清楚什么东西对他有好处或者什么东西会伤害到他的时候，否则他不必听命于任何人，包括他的父亲，也没有权利要求他去做一些对他丝毫无益的事情。

在人的天性还没有被人类社会的各种偏见和习俗败坏之前，成人和孩子都是自由而幸福的。由于过于柔弱，孩子的自由和因此而带来的幸福或多或少会受到限制。

如果一个懂得知足的人想做什么就能做什么，那他永远都是快乐的，生活在自然状态中的成年人就是这样的。

如果一个人不能凭借自己的能力满足自己的需要，那他永远也快乐不起来，生活在自然状态中的孩子就是这样的。

生活在自然状态中的孩子并不能享受绝对的自由，就好像成人的自由也会受到种种秩序和规范的约束一样。每一个人都必须依靠他人才能生存，就这一点来说，人类真是既柔弱又可怜。

我们终于长大成人，并且以为自己是个成人了，可在法律和社会面前，我们仍然是孩子。

无论是达官贵人，还是国王大臣，他们都是孩子。当看到别人为了减轻自己的痛苦而在自己面前大献殷勤的时候，他们就会生出一种幼稚的虚荣心。

他们因别人的照料而感到自豪，可他们没有想到，如果别人把你当成人看的话，怎么会对你如此殷勤？

社会制度所衍生的一切矛盾都可以用以上观点来解决。依赖有两种形式：一种是物的依赖，源于自然；一种是人的依赖，源于社会。

物的依赖无所谓善恶，所以既不会限制自由也不会导致罪恶。人的依赖则无秩序可言，所以乱象丛生，主人和奴隶是一种相互败坏的关系。

解决这种弊端的最好的方式是用法律，并且任何个人意志都不能凌驾于法律之上。法律的效力要像自然规律那样，一经确定，任何力量都不能将之更改。

这样，人的依赖就会转化为物的依赖。我们就可以在国家中实现自然状态和社会状态的有机统一，从而把自由和道德结合起来，前者拯救人于罪恶，后者赋予人以节操。

在教育孩子的时候，要遵循自然规律，从而让孩子远离人的依赖，只有物的依赖。如果他犯了错，你只需让他感觉到一些有形的障碍或者让他遭受其行为本身所带来的惩罚就可以了。他会随时记着这些惩罚，所以无须你费心思，他自然能学会不再调皮捣蛋。

柔弱的体力和较少的经验对他来说是无可改变的事实。你可以满足他的需要，但这并不是说他要什么就给什么，而是看这些东西是不是他真正需要的。

当他在为别人做事的时候，不要教他服从别人；当别人在为他做事的时候，不要教他役使别人。你要让他在自己的行为和你的行为中感觉到自由的存在。

大自然自有它的办法去增强孩子的体力，促进他们的成长，我们绝不能去干涉它。当孩子想活动的时候，我们就不要让他们静止，当孩子想休息的时候，我们就不要让他们活动。只要我们不用自己的错误行为去损害孩子的意志，孩子就不会向往那些无用之物。

孩子可以随意地玩耍、吵闹，这一切行为都有利于他们体力的增长。可由于受年龄所限，很多事情都超出了他们的能力范围，或者只有在别人的帮助下才能完成，所以要尽量避免。在孩子所有的欲求中，我们要分辨出哪些是他真正的需要，哪些仅仅是他们的幻想。

前面已经提到，当孩子哭着闹着非要得到某个东西的时候，父母应该怎样做。需要补充的是：如果他已经学会了说话，却放着自己的语言能力不用，仍然采取哭喊的方式来索求想要的东西的时候，不管他出于什么原因，想尽快得到那个东西也好，威胁别人也罢，你最好的回应方式就是别去理睬他。

如果他确实需要，自己就会讲出来。你在弄清楚他要的是什么之后，只要按照他的说法去做就行。如果他一哭你立即就满足他，那他不但不领情，反而会觉得强求的效果要比温和地索取好得多。

如果他觉得你不友好，那他对你的态度立即就会变坏；如果他觉得你软弱，那他立即就会变得盛气凌人。

所以，当他向你要某个东西的时候，如果你没打算拒绝他，就立刻给他，如果你拒绝了他，就不要轻易转变你的态度。

你需要注意的是，不要让孩子学会虚伪的客套话，因为这种话有时相当于咒语，可以让周围的人服从他的意志，使他的欲望立刻得到满足。

在一些富裕的家庭对孩子进行了礼仪教育，以使孩子的言行举止变得文雅。有些家庭甚至为孩子准备了一套说辞，使他人无法反驳。

这些话既没有请求别人应有的语气，也没有一丝诚恳的态度。在这些孩子口中，请求也变得像命令一样傲慢，甚至有过之而无不及。

当孩子客气地对别人说"如果你愿意的话"时，别人的理解却是"我要你这样做"；当说出"我请求你"时，在别人听来却是"我命令你"。

原本很客气的话在这些孩子口中却变成了命令。所以，我在教育爱弥儿时，他可以说话粗鲁，但绝不可以傲慢。

我宁愿听到他用"我请你去做"5个字请求别人的帮助，也不希望他用命令的口气说："你去做"。我不重视措辞的文雅，只重视其中的含义。

在教育孩子的过程中，要避免过于放任或过于关心。过于放任，有可能损害孩子的健康成长甚至生命安全；过于关心，则会让他们丧失抵抗痛苦的能力，即便长大也会是一个多愁善感、弱不禁风的人。

就算没有你的关心，孩子迟早也会取得成人的地位。你为了保护他们，好让他们免于大自然所带来的轻微的伤害，结果却制造了很多远比大自然的伤害更严重的灾难。

你可能会这样说我，我曾经指责那些父亲，为了实现自己给孩子安排的那不切实际的未来，却牺牲了孩子本该天真烂漫的现在，可我自己也成了这样的父亲中的一员。

实际情况远非如此。的确，我让我的学生遭受了些许痛苦，但我让他享受到的自由足以作为弥补。

我看见几个淘气的孩子在雪地上玩耍，他们的脸都冻紫了，手指也冻麻木了。他们本可以跑进屋子去暖和暖和，可他们就是不愿意。如果我强迫他们进屋，这要比在外面受冻还要让他们难受。

你有什么可抱怨的呢？我给你的孩子带来轻微的痛苦，而且他们自己也愿意而且能够忍受，这难道就可以说我把他们弄得很惨吗？

我给他们自由，让他们去做一些对自己有益的事情；我让他们锻炼，让他们学会如何面对痛苦，以便在将来面对更大的灾难的时候可以应付自如。

如果让他做出选择，是做你的学生还是做我的学生？我想，他不会有丝毫犹豫吧？

要想体验到什么是真正的幸福，首先得体验痛苦是什么感觉。人的天性就是如此。身体太过安逸，精神就会崩溃。

没有体验过痛苦的人就不知道人性中还有温情的一面。这样的人必然是一个没有同情心的人，而且不愿意与他人交往，就好像一个孤僻的怪胎一样。

你知道哪种行为最容易让孩子遭受痛苦吗？那就是一味地顺从他。他想要什么就给他什么，如此一来，他的欲望就会无限膨胀，直到你的能力无法满足他的那一天。到时候，他就会陷入无尽的痛苦之中，你的拒绝会让他比得不到自己想要的东西更加难受。

起初，他想要你的手杖，你给了他；接着，他要你的手表，你又给了他；后来，他要天上的飞鸟，你还是给了他。于是，他开始要天上的星星，除非你是万能的上帝，否则你不可能实现他的每个欲求。

把凡是看到的东西就据为己有，这是人的天性之一。从某种意上来说，霍布斯的原理有其合理的成分：如果我们满足欲望的能力能随欲望的膨胀而增长，那人人就都可以主宰万物了。

所以，一个孩子如果想要什么就能得到什么，长此以往，他就会觉得自己是别人的主人。所有人在他眼里都是自己的奴隶，等到有一天你无力再满足他的时候，他就会把你的拒绝当成是对他的反叛。

由于他还太小，没有判断是非的能力，所以你所有的解释对他来说都是借口，你越是解释他就越觉得你对他怀有恶意。

他觉得自己受到了不公正的待遇，对任何人都心存怀疑。他不懂得感激帮助他的人，却对违抗他的人心存敌意，就这样，他的天性一点点地被破坏掉了。

这样一个动不动就发脾气、整日大喊大叫的孩子怎么会快乐呢？快乐？他才不会！他就是一个最残忍的暴君、最卑贱的奴隶，更是造物主最不堪的作品。

我曾经见过几个在这样的教育方式下长大的孩子，他们想让别人用肩膀把房子撞倒；让别人把钟楼上的风向标拿给他们；让别人阻止正在行进的军队，仅仅是为了多听一会儿乐队的鼓声。无论他们提出多么过分的要求，一旦得不到满足，他们就会哇哇大叫、号啕大哭。

我们终归白忙一场，因为总有不能满足他们的时候。我们越是轻易满足他们的欲望，他们的欲望膨胀得就会越快，并且变得越来越固执倔强。

他们遭遇越来越多的抵抗、困难和障碍，他们变得越来越易怒、暴躁和狂妄；他们终日在抱怨、哭泣和牢骚中生活。这样的人能有什么幸福可言！他们的身体是如此柔弱，可支配人的欲望又是如此强烈，这样的矛盾必然滋生出无尽的痛苦。

这样火爆的脾气注定他们不会有一个快乐的童年，那么等到成年之后，他们的人际圈开始扩大时，情况又是怎么样的呢？

因为他们已经习惯了被别人侍奉，所以当他们踏入社会之后，感觉身边到处都充满了敌意。没有人再听他们的差遣，他们发现，原来这个世界根本就不受自己支配。

他们的态度是那样傲慢，心理是那样虚荣，可他们面对的却是各种嘲笑和侮辱，再多的苦水也只能往肚子里咽。

残酷的现实让他们明白，原来自己远非自己想象的那样强大，以前觉得自己无所不能，可现在却一无所能。有太多的障碍在前方等着他们，有太多的人在身旁耻笑着他们。

于是，他们变得垂头丧气、畏缩不前。当时他们把自己想象得有多高尚，现在他们就把自己想象得有多卑贱。

让我们回过头来再谈一谈原始法则。大自然之所以造就儿童，就是为了让他们得到爱护和帮助。看看那些孩子，他们简直就是世界上最柔弱、最可怜、最容易受到周遭的摆布，同时也是最需要关心、怜惜和呵护的生物。

他们的面孔是那样可爱，神情是那样动人，所有一切接近他们的人都会生出一种想要保护他们的冲动。

因此，还有什么比一个桀骜不驯、盛气凌人的孩子毫不客气地指挥那些—不管他就必死无疑的人做这做那更加让人气愤，也更加违背常理的事情呢？

但是，从我们自身来说，那些本来就由于身体的柔弱而遭受种种折磨的孩子，他们已经够痛苦的了，可我们还要把自己种种不切实际的愿望强加到他们身上，连他们本来就不多的自由都剥夺，这种做法难道不野蛮吗？

一旦到了拥有理性的年纪，孩子们就开始遭受社会的奴役，可在这之前，我们为什么还要把家庭的奴役强加给他们呢？

生命应该有一个时段不受这些非自然因素的束缚，所以还自由给孩子们吧，这是他们与生俱来的权利。

三、满足孩子成长的"需要法则"

现在来谈谈实践。前面已经提到过，当孩子们索要某件东西的时候，我们要先判断他们是不是真的需要，然后再决定到底给不给他们。同时，他们的任何行为，都不应该是为了执行你的命令，而是出于自己的需要。

在孩子的词汇中，不应该有"服从"和"命令"这两个词，与之相对应，"责任"和"义务"也要剔除，取而代之的是"力量""限制""柔弱"和"需要"几个词语。

在还没拥有理性的年纪，孩子的头脑中是没有精神存在和社会关系的概念的，平时跟孩子的交流中，我们要避免提及与之相关的词语，以免孩子赋予这些词语一些主观的、错误的意义，致使以后难以纠正过来。

洛克有一个很重要的也很时髦的观点，"用理性去教育孩子"。诚然，理性很重要，可我并不赞同他的说法。我发现，那些用理性教育法所培养出来的孩子非呆即傻。

在人体所有的官能中，理性受到其他各种官能的制约，因此发展得最迟，也发展得最慢，即便如此，还有人非要用它去促进其他官能的发展！

人们普遍认为，理性是一种很重要的品质，一个有理性的人必定是一个受过良好教育的人，所以人们非常乐衷于把理性用于对孩子的教育中去。

理性本来是教育的结果，却被那些人当成了教育的手段，这简直就是本末倒置。如果孩子们能够去配合理性教育，那他们还有什么接受教育的必要呢？

在对孩子进行道德教育的时候，无论是已有的还是即将发生的差不多都脱离不了以下对话模式。

　　老师：你不应该那样做。

　　孩子：为什么？

　　老师：因为那样做是不对的。

　　孩子：不对！哪里不对了！

　　老师：你就不应该那样做。

　　孩子：我做了不让做的事情，那就不对了吗？

　　老师：你犯了错误，要接受惩罚。

　　孩子：那我就偷偷地做。

　　老师：有人会在暗中监视你。

　　孩子：那我就躲起来做。

　　老师：我会让人盘问你。

　　孩子：那我就说谎。

　　老师：说谎是不对的。

　　孩子：为什么不对？

　　老师：因为说谎不好。

　　……

对话就这样无止境地循环着。赶快停止这样做吧！这种教育方法没有丝毫用处，孩子根本就不理会你这一套。孩子没有辨别是非善恶的能力，更不会明白你那些大道理。

成人之前，孩子就应该像孩子一样去生活，这是自然秩序。如果我们非要违背自然秩序，用各种人为的方法催熟那些还未成熟的果实，就算它们长得再漂亮，味道也是酸涩的，而且很快就会腐烂。

我们培养出来的只能是少年老成的博士生，那些本该天真可爱的儿童却在我们的手下变得老态龙钟。

儿童认识事物、思考问题和感知外界的方式和成人是不一样的，用我们的方式去代替他们的方式，再也没有比这更愚蠢的行为了。我的学生在 10 岁的时候长高到五尺的话，我会深感欣慰，至于他有没有判断力，我根本就不关心。

如果你想要利用说服这种手段使孩子相信他必须服从，这几乎是不可能的。因为在你所谓的说服中，存在着一定的暴力和威胁或者讨好和许诺。

所以，即使孩子表现出一副被成人说服的样子，也不代表说服是有效的。孩子可能是因为害怕被迫答应，或者被一时的诱惑吸引而答应。

孩子很聪明，能很快了解到服从对自己的好处以及反抗会带来的种种坏处。但是，由于成人的要求往往与孩子的意愿相反，完成成人的要求对孩子来说是很痛苦的事情。

于是，孩子便开始阳奉阴违，表面服从，实际上仍然按照自己的意愿做事，如果不小心被发现，便立刻承认错误，这样可以避免受到更大的责罚。

很少有人能真正了解，对于孩子来说，"服从"是个很难理解的概念，也无法理解其中的原因所在。

但是，由于孩子害怕会吃到苦头或者急于得到原谅或者你一再地强迫，导致孩子只好无奈地服从。你以为说服了孩子，实际上是孩子害怕和厌烦的一种表现。

事实上，判断力对一个孩子来说除了限制其体力的发展，没有丝毫用处。关心孩子的体力，注重成人的判断力，这才是符合自然的行为。

不同年龄的学生要采取不同的对待方法。首先，你要摆正他的地位，并且把他固定在那个地位上，不要让他企图逾越那个地位。如此一来，他就可以在拥有智力的概念之前亲自体验其中最重要的教训了。

千万不要对他下命令，无论要求他做什么都不可采取命令的方式，甚至不能让他感觉到你的话里有命令的成分。但是，你要让他知道，他是柔弱的，而你是强大的，所以他要按照你的安排生活。

你要尽早让他知道，每个人身上都背负着大自然所赋予的枷锁，而且任何人都无法将其甩掉。你也要让他知道，这个枷锁源于事物的本来状态，并不是人为地强加给他。你还要让他知道，限制他的行为的不是别人的权威，而是自己的体力。

对于那些他不应该去做的事情，你不要上前阻止，也不要对他解释或对他讲道理，你只要在旁静静地加以提防就够了。

如果你本就打算把某个东西给他，那他一开口就要，你立即给他就是，千万别等他向你发出乞求或者让他答应你的条件才给他。

答应他的时候你要面带微笑，拒绝他的时候你要义正词严，千万不能摇摆不定。一旦把"不"字说出口，那这个字就要有绝对的分量，就好像一堵铜墙一样，等他碰上个五六次，就不会再试图往上撞了。

最糟糕的教育方式是：让孩子在他的意志和你的意志之间摇来摆去，你们两个在到底是应该服从谁的意志这件事情上争论不休。我觉得，让孩子做主比让你做主要强上百倍。

这种现象很奇怪，自从我们开始对孩子进行有意识的培养以来，就总是拿诸如名誉、嫉妒、猜疑、贪婪、怯弱和虚荣这些最可怕、最容易刺激心灵也最容易败坏道德的欲念去教育那些身心都没有发育完全的孩子，这样做的结果可想而知。

在他们还没拥有独立的判断力之前，你每向他们灌输一次这样的思想，他们就向罪恶的深渊迈进了一步。

可那些愚蠢的老师竟然还大言不惭地说自己是在教人为善，并且还一本正经地宣称："这才是真正的人呢。"没错，这就是你所造就的人。

你尝试过各种手段去教育孩子，可唯一有效的却被你忽略了，那就是有限制的自由。

不要用恶毒的话去教训你的学生，而是要让他们从所经历的事情中去吸取教训。也不要用严厉的方式去惩罚你的学生，因为他们根本就不知道自己错在了哪里。更不要让他们向你道歉，因为他们本无意冒犯你。

他们的脑中还没有形成是非善恶的观念，所以他们所做的每一件错事都不是明知故犯，你不能以道德的标准来评判他们的做法，更不应该去惩罚或者斥责他们的所作所为。

如果你想用桎梏约束孩子，就只能让孩子更加活泼好动；你的约束力越强大，孩子的反抗力就越强，以此补偿自己。

我们知道，如果让生活在城市中的两个小学生到乡下去，他们惹出的麻烦恐怕比整个村子的孩子惹出的麻烦还要多。

同样地，如果让城里孩子和乡下孩子待在一个房间里，在乡下孩子没有做出任何行动前，城里孩子恐怕就已经把屋里弄得乌烟瘴气。

这是为什么呢？我想，这是因为对于城里孩子来说，自由的机会太少了，所以才会如此肆无忌惮地搞破坏，而对于乡下孩子来说，他一直生活在自由中，所以对一时的自由也没有多大的感触。

即便如此，乡下孩子因为经常受到别人的夸奖或者约束，他的这种自由状态和我所希望的自由状态还有一定的差距。

我们应遵循人的本性中最初的冲动，因为人的心灵里生来就没有邪恶，这一点是无可辩驳的事实。任何邪恶的欲念都是在成长过程中以某个时间和某个地点侵入人心的。

自爱，从广义上说又叫自私，是人类天性中特有的一种欲念。无论是对它自身，还是对我们，这种自私都是必不可少的。

由于自私是一个中性的概念，而且不一定涉及其他人，所以会导致怎样的后果，完全取决于我们怎样运用它以及运用时所处的关系。

在理性产生之前，自私是不受支配和引导的，但这无关紧要，重要的是，无论孩子做什么事情的动机都不能是别人在看他或者是在听他。

换句话说，孩子不能因为别人的眼光或者评价就做出或者改变自己的行为，他所做的一切都应该是出于本身自然的需要。如此一来，就不用担心他做恶事了。

可这并不意味着他不会伤到自己或者不会给别人添乱，又或者不会打坏珍贵的东西。他很可能还会做出很多"坏事"来，但我并没有觉得这些"坏事"能说明他有什么恶劣的品质。

判断一件事情是好是坏的标准是看行为者的主观动机，而孩子的动机里并没有恶意。一旦他出现一次这样的动机，很可能就会一发不可收拾，他的天性就此遭到破坏，甚至到了无药可救的地步。

有些事情，站在理性的角度看并不是坏事，可从贪念的角度看就不一样了。在让孩子随意玩闹的时候，要把那些易碎的或者值钱的东西放到他们够不着的地方。孩子的卧室尽可能少些摆设，家具一定要简单而结实，镜子、陶器以及其他一切不宜孩子触碰的东西能少则少。

对于爱弥儿的房间，这些就都无所谓了。因为他住在乡下，他住的房间和一个普通的乡下人没什么两样。还有，他更多的时间是在户外玩耍，所以没必要花太多心思在他房间的装饰上。

尽管你已经很细心了，可孩子仍有可能打碎某些东西，给你添乱。可你没有理由去打骂他，因为这是由你自己的疏忽造成的。你不能让他听到一句责备的话，或者让他感觉到他的行为让你痛心。

你要做出一副若无其事的样子，就好像那件东西是自然坏了一样。总之，在这种情况下，保持沉默比任何啰唆的效果都要好。

四、警惕，不要在孩子心中种下恶的种子

在这里，我能提出我所认为的最有效也最重要的教育方法吗？我的方法就是：剥夺而非授予。也就是说，不但不要争取时间，反而要让时间白白溜走。

各位读者，你们肯定认为我这是个怪论，可我想说的是，只要慎重思考了这件事，就必然会得出这个怪论。无论如何，我宁愿做一个持有怪论的人，也不愿被人说成是一个有偏见的人。

一般认为，从出生到12岁是人生中最为危险的一段时期。如果这一年龄段在孩子的心灵中种下恶的种子的话，它很快就会发芽生长，等它扎根之后就很难拔掉了。

如果孩子刚一出生立即就能成长到拥有理性的年龄，那这种教育方式的效果或许会很好。可事实上，这是不可能的。按照孩子自然的成长历程，与之相反的教育方式会更适合他。

在他的心灵还未被开发之前，我们要避免触及他们的心灵，因为当心灵还处于蒙昧状态的时候，再亮的火炬他也会视而不见。

而且，思想的原野是如此辽阔，他们不可能找到通往理性之路，更何况，那条道路是如此难辨，就算再好的眼睛也很难将其认出。

在对孩子最初的教育中，你的态度越消极越好。不要企图把各种道德或者知识灌输进他的大脑，你要做的是提防罪恶玷污了他的心灵，谬论侵占了他的思想。

如果你自己不去教他，也不让别人去教他，而且你的学生活泼健康地成长到了12岁的话，就算他连左右手都分不清楚，那又有什么关系呢？

这时候，一旦你对他稍加引导，他的智慧立即就会开启，向着理性的道路狂奔而去。由于他没有受到偏见或者恶习的玷污，所以他的身上没有可以抵抗你的教育的力量。他很快就会变成一个智慧而懂事的人，这就是你的消极教育法所创造的奇迹。

如果你采取和常人不同的教育方法，那你几乎永远都是对的。那些人根本就不把孩子当成孩子来看待，他们急于把他培养成一个博士，于是他们打他、骂他、吓唬他、夸奖他，鼓励他去做这个，禁止他去做那个。

在我看来，比这更好的做法是：无论你对他做什么都要有个度，而且不要和他争辩任何事。

你要做的是想办法锻炼他的体力，培养他的感觉，但要避免让他从事心智活动。因为他现在还没有善恶的观念，所以不要为了防止恶念的产生而急着让他去做善事。可以推迟到明天再教他的东西，今天最好就别教。

从孩子特殊的天资来看，这种方法也是行之有效的。要找到最适合他的培养道德的方法，首先需要充分了解他的天资。

人和人的心智是不同的，所以在指导他的时候，你要从他特有的心智出发。只有采取与之相适应的特有方式，教育才能取得应有的效果。

先观察你的学生，对他有了足够的了解之后再对他进行指导，这才是聪明之举。不要限制孩子的自由，让他随意表现自己，这样你就可以基本把握他的人格特征。

称职的医生绝不会一看到病人就立即断定他得了哪种病，而是在了解了病人的体质和病情之后再开药方。

虽然这会耗费一些时间，但不会耽误病人的病情；反之，如果急于开药，虽然节省了时间，但很可能越医越糟，甚至还会把病人医死。

你可能会问，怎样才能让孩子不受周围环境的影响呢？把他当作一个机器人来培养吗？那应该把他放到什么地方？让他去月球，还是给他寻觅一个荒岛？真的要让他与世隔绝吗？真的要让他不再见自己的同伴吗？真的要让他远离自己的父母、乳母、老师、仆人吗？可他不是一个天使啊！

这种论调有一定的道理，可我从来没有说过自然教育实施起来是容易的。诚然，这其中肯定会遇到很多难以克服的困难，但我相信，只要我们尽力而为，有些问题还是可以避免的。

抱着这个目标的人不一定能实现这个目标，但是只要能无限地趋近于这个目标，就会离成功越来越近。

记住，在你决定并且敢于承担起教育别人这个重任之前，必须首先保证你自己是一个真正的人。在孩子的心灵和大脑还是一片空白的时候，你要保证他周遭的一切都是适合他去看、去听的东西。

你必须首先让自己成为一个受人尊敬的人，尽力让周围的人喜欢上你，这样他们才能在你需要的时候去帮助你。只有控制了孩子周围的人，你才有资格去做孩子的老师。你的这种权威必须以别人对你的道德的推崇为基础，否则的话，你不可能充分地发挥权威的作用。

这并不是要你慷慨解囊，把自己的钱全部分给别人，以此得到别人的认可。实际上，即便如此也无法得到别人的真心。

当然，你也不用很吝啬，如果利用你的力量可以帮助别人缓解痛苦，那么就不要犹豫，勇敢地去做好了。

这说明，如果你只是向别人敞开你的钱包，却没有丝毫的关心和怜悯，那别人的心门也不会对你打开。

你必须付出，付出你的时间、你的精力、你的爱心甚至是你自己本身，如果你不这样做，而仅仅是付出金钱，别人是不会把金钱看作你本人的。

你关心别人，这比送别人礼物要好得多，给别人带来的帮助也大得多。对于一些生活贫困或者生病的人来说，真心地安慰比无情地布施更让他们快乐；对于受压迫的人来说，保护比金钱有更大的实际作用。

你要让别人知道，你愿意保护弱者，你的内心充满正义，你是善良和仁爱的化身。你不仅愿意从金钱上帮助别人，也愿意关心他们。

当你真心爱别人时，别人也会给予你爱护；你愿意帮助别人，别人也会对你伸出援手；你对待别人如同对待家人，别人也会把你当亲人。

我之所以把爱弥儿带到乡下，就是想让他远离腐坏而又颇具诱惑力、堕落而又颇吸引人的城市生活。与城里人相比，乡下人或许会更粗鲁和恶毒，但他们丝毫不加遮掩，所以更容易引起人的反感，从而发起抵抗。

在乡下，老师更能按照自己的意愿安排给孩子看的东西，凭借自己的名声、谈吐和举止，他更容易在乡下树立威信，得到别人的尊重。

由于他总是帮助别人，所以人们都对他心存感激。为了得到他的尊重，人们尽量按他的期望表现自己，尤其是在他的学生面前。

如此一来，就算那些乡下人仍然有很多缺点，但至少他们会少做些可耻的事情。这一点正是我们所需要的。

永远不要把自己的过失算到别人头上，孩子容易受不良环境的坏影响，但同你实施的教育带来的坏影响相比，前者甚至不算什么。

你为了让孩子认可你心中的好观点，整天进行说教，得意地卖弄自己知道的那点儿知识。结果，在你灌输所谓的好观念的同时，又让他们吸收了毫无用处的观念。

虽然你有自己的想法，但你并不知道这些想法会在孩子的脑中变成什么样子。你以为，你的高谈阔论孩子全部记住了？你以为，他们不会用自己的方式进行评论？你以为，他们不会从中总结出一套对自己有利的言论，以求反驳你吗？

你可以先对一个孩子进行一次教育，等到说教完之后，你让孩子畅所欲言。他可以按照自己的意愿说，问任何想问的问题，此时，你会惊讶地发现，你刚刚对他讲述过的道理在他的理解下变得异常奇怪。

你原本条理清晰的说教在孩子的口中变得语无伦次、颠三倒四，而孩子的一些意料之外的反问也让你无从对答，这时你不得不阻止他继续说下去。

此刻，原本说起话来滔滔不绝的你变得哑口无言，这会让孩子产生怎样的联想？如果孩子再聪明一点儿，了解到他的反驳获得了成功，那你以后就不可能对他进行教育了，他还会不停地挑衅你的权威。

老师，请尽量收敛你的热情，保持你的淳朴，做到谨言慎行。如果可能的话，将那些有益的教育方法通通抛掉，这样孩子就不会受到有害的教育方式的影响了。

模仿是孩子的天性，既然你无法阻止孩子去学别人的样子，那你就尽量把那些样子塑造成适合孩子去模仿的模样。

假如旁边有一个人，一脸的冲动和狂躁，我们无法避免孩子不去注意他，也不可能不让孩子受他影响。面对这种情况，老师是不是该站出来大讲特讲一番大道理呢？

最好的办法是保持沉默，一句话都别说。你要做的是把孩子们叫到你身边，出于好奇，他们肯定会问你，那个人怎么了？你的回答一定要简单，可以就那些触动孩子们感官的事情或行为发表自己的看法，切忌发表长篇大论。

那个面红耳赤、暴跳如雷、目露凶光的人在孩子的面前大喊大叫着，所有的表现都说明他已经失去了理智。

这时候，你只要装作若无其事的样子对孩子说："这个人生病了，可能是在发烧。"这样简单的一句话要比一大通的解释和唠叨的效果要好得多，而且对孩子的长远发展也有好处。

如果可能的话，你可以把一个暴躁易怒的孩子当作一个病人来对待。把他关在房间里，让他安静地躺在床上，规定他不能吃东西，这样他就会对自己的缺点心生恐惧，而且也不会把你不得已采取的严厉手段当成是对他的惩罚。

如果是一时冲动，你没能保持冷静和平和，这时你要敢于在孩子面前承认自己的错误，并且很坦诚地用一种略显温和的语气责备他："你看，你都把我气病了。"

除此之外，你还需要了解，孩子头脑简单，接受的观念也很简单，难免会有一些天真的想法。所以，你不要在孩子面前谈论他的天真，即使想要谈论，也要注意分寸。

要知道，你可能只是轻微一笑，就有可能让之前半年的教育效果毁于一旦，造成无法挽回的后果。我必须一再强调，要想成为称职的老师，你一定要约束好自己的言行。

我想，当看到两个妇女激烈地争吵时，爱弥儿一定会走到其中一个占上风的妇女面前，同情地说道："亲爱的邻居，你是不是生病了？我真的很伤心。"

我相信，这样一句出自孩子口中的关心的话语一定会让她们有所触动。这个时候，我不会责备爱弥儿，也不夸奖他，而是在他没有意识到自己的话语带来的影响前就把他带离现场，使他很快忘记这件事。

我无意于探讨教育过程中的种种细节，我只是想举例说明我的原则，捎带着告诉你如何处理这些难缠的情况。

我们毕竟生活在社会之中，所以要想让一个孩子长到 12 岁的时候还丝毫没有涉及过人际关系及人类道德的问题，几乎是不可能的事情。我们要尽量推迟向孩子灌输这些概念的时间，如果无法避免的话，就把当时他最需要的概念讲给他听。

这样做的目的只有一个，那就是让他意识到自己不是万物的主人，不能随意支配别人或者伤害别人，甚至伤害了别人自己却毫不知情。

我们先要对自己负责。我们的情感是以自我为中心的，我们的活动是为了让自己生存下来并且得到快乐。所以，对我们而言，正义不会出自我们对待别人的过程中，而是出自别人对待我们的过程。

在教育孩子时，往往有这样一个误区，认为必须让孩子明白他身上所肩负的责任，却不是把他所拥有的权利告诉他。

这是本末倒置：孩子对本来应该了解的事情一无所知，因为大人没有告诉他；对于一些和他关系不大或者说他不必了解的事情，他却全部知道了。

如果想教育这样的孩子，我想，即使他不会动手打人，也可能摔东西；他可能会对年长者或力量比他强大的人表示尊重，却不是爱惜其他东西。

因此，孩子的头脑中形成的第一个观念不应该是自由，而应该是财产。为了培养孩子的这种观念，我们要适当让他拥有一些私人的东西。

可仅仅告诉他这些衣服、家具和玩具是属于他的，是没有用的。尽管他知道这些东西是他的，但他还是不知道自己为什么以及怎样得到这些东西的。

就算你向他解释他能拥有一些东西是源于你的馈赠，恐怕也无法让孩子真正理解这个问题。因为，一个人如果把东西馈赠别人，说明这个东西是他的，在归孩子所有之前，东西另有主人。

我们可以向孩子讲解财产的原理，至于馈赠东西这种社会习俗，可以暂时不向孩子进行说明，孩子的理解能力有限，说了也未必有用。

各位读者，你们可以仔细思考一下这个例子，也可以看看生活中其他成千上万的例子，很容易可以看出，如果只是向孩子灌输一些他无法理解的观念，就不算是优秀的教育方式。

所以，我们要探讨财产源于哪里。生活在乡下的孩子对田间劳作有一定的认识，因为他具有观察能力，也有一定的时间。

不论哪个年龄阶段的人，即便是孩子，在看到别人劳作后也会产生想要模仿的欲望。当他看过别人怎么松土、种植后，他也会想着这样做。

由于我相信这样的原理，所以在爱弥儿有了这样的想法后，我没有反对。相反，我还很赞同他的决定，并且同他一起劳动。

我让爱弥儿在菜园里种了一些蚕豆，并且每天都浇水，等蚕豆长大后，我就会告诉他这些果实是属于他的。

至于"属于"这个词的意思，我会这样跟他解释：因为你在它身上投入了大量的时间、辛勤的劳作以及自己的人格，所以它就是"属于"你的。

突然有一天，园主罗伯特将他的蚕豆铲除了，因为这个园子是"属于"罗伯特的，他有权利按照自己的意愿去处理。如果他想继续在这里种植蚕豆，就需要征得罗伯特的同意。

后来，我们请求罗伯特分给我们一小块土地，让我和爱弥儿可以种东西，并且答应把收成的一半分给他。罗伯特表示，如果我们不随意破坏他种的瓜，他愿意无偿让我们使用一小块土地。

在利用这个方法让孩子接受一些原始观念时，可以看出，谁第一个开垦土地，土地就属于谁，也就是财产就属于谁。对孩子来说，这个道理简单易懂。

我说的这件事说起来很简单，实际操作起来却需要花费长达一年的时间。在帮助孩子树立道德观念时，不能急于求成，必须稳扎稳打。

我想给年轻的老师们提一个建议，在教育孩子时要多进行身教，少说多做。孩子忘性大，很容易忘记自己所说的话和听到的话，但如果亲自实践过或者看到别人做过，就会记忆深刻。

事实上，每个孩子都应该接受这样的教育，或迟或早，要根据孩子的性情而定。这种教育的效果非常明显。

对于那些破坏性很强的孩子，我们要采取其他的办法让他明白"财产"这个概念。如果孩子面前有什么东西，他就会破坏掉，那你也要忍住怒火，尽可能地让他接触不到这些东西。

如果他破坏了自己的家具，你不用急于给他提供新的替代品，而是让他自己体验后果，感受到其中的不便。

如果他打破了房间的窗户，那你就让他昼夜受冻，不要因为担心他受风寒而着急地修理窗子。要知道，受些风寒总比变得愚蠢好得多。

你要尽可能地表现得宽容些，不指责他犯下的错误，只需让他感受到其中的不便即可。你无须说话，在他意识到自己的行为带来了麻烦后你再修理窗子。

如果他下次继续打破窗户，那你就干脆把他关进一间没有窗户的屋子，然后告诉他："这些窗户是我的，你没有权利打破它。"

如果你这样做，他极有可能在屋子里大吵大闹，胡乱发脾气。你不要心软，更不要去理睬他。相信用不了多久，吵闹声就会逐渐减小，他可能会开始诉苦。

假如家里有仆人，就一定要告诉他，不要把孩子放出来，就算孩子苦苦哀求也不行。可以让仆人告诉孩子："如果我家的窗子被人砸坏了，我也不会高兴。"

让孩子在屋子里待着，直到他感到厌烦，并且将这件事深刻地记在了脑海中。此时，你可以与孩子签订一个协议，你给孩子人身自由，孩子也不再破坏窗子。

之后，你要拥抱孩子，并且把他从屋子里放出来。这样一来，协议的内容就会深深地刻在他的大脑中，按照我的建议去做吧。

如此一来，他终会明白"财产"指的是什么，并且再也不会去侵犯别人的东西。

我们的社会充满着各种道德，与之相对应地，罪恶也无处不在。随着社会习俗和义务的产生，欺骗和谎言也随之而来。一个人既然能做禁止做的事情，那他就可以掩饰必须做而没做的事情。由于没有更好的办法，所以我们只好对罪恶的行为实施惩罚。

对于孩子来说，这些人为的惩罚是没有必要的，因为大自然会把这样做的后果作为惩罚加在他们身上。

比如说对于撒谎的孩子，我们不用去指责他这样做是不对的，迟早有一天，别人会不再信任他的话，即便到时候他说的是实话，他也会被别人指着鼻子说干了坏事。对他来说，这就是说谎的惩罚。

谎言分为两种：一种是为了过去做过的事情说谎，另一种是为还没有承担的责任说谎。

在说第一种谎言时，一个人会不承认自己曾经做过某事，或者说明明没有做过一件事，却非要说自己做了，即故意扭曲真相。

在说第二种谎言时，一个人会故意做出一些承诺，而他本人却不打算履行，即故意掩饰自己的真实意图，说出与自己的意愿相反的话。

当然，有些时候，这两种谎言是混合在一起的。不过，我在这里只想谈论一下两者之间的区别。

我们知道，如果一个人认为自己离不开别人的帮助，又经常接受某某的帮助，他就不会想到欺骗别人。相反，他还会非常善良地告知别人事情的真相，以免别人因为自己受到伤害。

由此可见，**孩子并不是天生就喜欢说谎，而是大人给他们施加了太多的义务，导致他不得不说谎**。服从别人，让孩子感觉很痛苦，为了避免接触这种痛苦，孩子就会阳奉阴违。

　　说出真相，对孩子的未来很有好处。但是，如果孩子说谎，就可以避免遭受惩罚。与遥远的利益相比，现在的利益更能打动孩子。

　　这不是孩子的错，如果你的教育是自然而又自由的，孩子就没有说谎的理由，也不需要隐瞒你什么。如果你不紧盯着他的错误，不处罚他，也不逼迫他，他肯定愿意把自己所做的事情告诉你。

　　孩子的承诺是无效的，他们的理解能力有限，即使做出了承诺，也并不理解自己的承诺意味着什么。他们撒谎，或者做出种种承诺，为的只是脱离眼下的困难。

　　孩子做出承诺时，并不是在说谎。但是，如果他们事后不愿意履行承诺，那之前的话就是谎言了。不过，由于无法预见后果，即使不履行承诺，也是符合他们的理智的。

　　事实上，孩子们的撒谎行为完全是由老师一手导致的。他们想教孩子说实话，可由于方式不对，孩子却学会了说谎。

　　我要让我的学生去实践中学习，我不关心他能学到多少知识，只要他为人忠厚善良就行了。但我并不逼他说实话，以免他开始撒谎；我也不逼他发誓，以免他不遵守诺言。

　　如果我不在的时候，家里发生了坏事，而我又不确定是不是爱弥儿干的，这个时候，我不会轻率地问他一句："是不是你干的？"

　　如果真的是他干的，并且他以为你知道是他干的，那他就会想：你既然知道是我干的，为什么还要质问我？于是，他很可能就会奋起反抗。如果他以为你不知道是不是他干的，那他就会想：我为什么要承认是我干的呢？这样，他就会向你撒谎。

　　面对如此固执的孩子，我会和他订立协议。协议的内容我不干涉，完全由孩子自己决定。我需要做的是，让他认为履行协议有很多好处，说谎会带来很大的痛苦。

不过，我并不需要用这种方法，爱弥儿还要等很久才能知道什么是说谎，我想，当他理解这个概念时，一定会认为说话丝毫没有好处。

我相信，我努力为他打造美好的生活，并且使他不受外界意志的影响，那么爱弥儿也能清楚地认识到说谎毫无好处。

如果我们教育孩子时不急于求成，也不必强迫孩子做各种事情，我们就能在正确的时间提出适合孩子的要求。在这样的前提下，只要不溺爱孩子，教育就一定能成功。

可是，有很多老师非常愚蠢，由于不了解教育的真谛，就不停地要求孩子做这做那，让孩子非常厌烦，被迫做出许多承诺，自然也不会理解承诺的重要性，甚至对有些孩子说话，做出承诺然后违背承诺，是一件很有趣的事情。

你想让孩子遵守自己的承诺吗？如果答案是"想"，那么你在对孩子做出规定或要求时就一定要慎之又慎。

以上所列举的关于撒谎的情形也适合于解释我们强迫孩子去履行种种义务的行为。把一些义务强加到孩子身上是没有意义的，而且也没有什么效果。

这种情形就好像大人在要求孩子培养美好的道德品质，孩子却爱上了种种不良品德；明明一再禁止他染上恶习，却让恶习成为孩子不可分割的一部分。

为了培养孩子虔诚的品质，你把他带到教堂，可在你看来如此神圣的地方，在他眼中却无聊透顶。如果你强迫他一动不动地在那儿祷告，他就会认为祷告是天下最煎熬的事情。

为了培养孩子善良的品行，你要他去布施，可你自己却不这样做，这样孩子就会认为布施是孩子才会去做的事情，长大了就不用这样做了。

那些虚伪的老师，首先让你们自己变得正直和善良起来吧，为孩子树立学习的榜样，并且想办法让自己的形象深入孩子的内心，让孩子心甘情愿地去模仿你们就够了。

不要轻易判断一个孩子是好是坏，这是对孩子起码的尊重。对于孩子身上表现出的那些与众不同之处，我们要在经过仔细地观察和确认之后再对他们采取特定的培养方法。在对孩子教育的过程中，先让大自然发挥它的作用，等时机成熟之后，你再去插手。

时间对于任何人来说都是宝贵的，所以你要将每分每秒都利用起来。可是，做错事的损失远比什么都不做的损失惨重。与其让孩子接受错误的教育，还不如任其自然地发展。

看着孩子无所事事地度过了他的童年，你总觉得像是缺失了什么。难道你觉得让他整天快乐地跑来跑去、打打闹闹、唱唱跳跳是在浪费时间吗？

在很多人眼中，柏拉图的《理想国》是一部很严肃的著作，可根据他的描述，他教育孩子的方式是让他们融入节日、舞蹈、歌唱以及其他各种各样的娱乐活动中，让他们在玩耍中获得知识。

所以，让孩子们无所事事地去生活吧。如果一个人把一生的时间都拿来提升自己，不睡觉也不活动，那你会怎样评价这个人？

你肯定会说："这个人简直就是个疯子。他看似是在争取时间，实际上是在缩短生命的长度，因为不睡觉无异于加速死亡。"

这个道理同样适用于孩子，要知道，儿童时期其实就是人生的一个理性睡眠期。

五、孩子的大脑就像一面镜子

我们总以为，孩子的学习能力很强，可这正是孩子的不幸之处。表面看来，任何东西他们一学即会，实际上，他们什么都没有学会。

他们的大脑就像一面镜子一样，把你所说的、所做的全都一成不变地反射给你，自己却什么都没有留下。他们学会了你教给他们的话，当他们把这话说出口的时候，所有人都知道他话里的意思，只有他自己不明白。

尽管记忆力和理性思考从本质上来说是两种不同的能力，但在发展的过程中两者是相互促进的关系。

在还没拥有理性的年纪时，孩子只能感受形象，而没有观念。

这两者的不同之处在于，形象是指物体的特定状态，是可以凭感官感知到的，而观念则是指对事物的看法，要想拥有观念，首先得了解事物之间的关系。形象可以单独存在于人的大脑中，而观念要以其他的观念为前提。

只要看到，我们就可以想象，只有进行比较，我们才可以思考。感觉是被动的，而概念和观念则是我们头脑的主观产物。

所以我说，如果没有判断力，孩子就不可能有真正的记忆。孩子可以记住声音、形状，并且拥有感觉，可他们无法形成观念，更不知道观念之间的关系。

那些反对我的人可能会说，你看孩子们能够学会简单的几何。我想说，这个例子非但不能驳倒我，反而为我的观点提供了论据：孩子们不仅不会推理，而且也不懂别人是怎样论证的。

如果去考查一下这些所谓的小几何家，你就会发现，他们所记住的只是个别例子中的图像的形状和特定的几何术语罢了。如果对题目稍加改动，他们立刻就会慌了神，根本就不知道该怎样去进行推理。

除了感觉，他们几乎没有任何知识，而且理解力也很差劲。即便小的时候他们记住了很多东西，但等他们长大后必须再学习一遍，因为他们的记忆力并不比其他的能力强。

事实上，我觉得孩子的理解力并不像我们想象的那么差劲，尤其是对于那些涉及他们现实利益的东西，他们理解得很透彻。不过，在我们和他们的沟通过程中经常产生偏差。

比如说，他们不知道某个东西，我们却以为他们知道；他们不能理解的东西，我们却以为他们能够理解。

另外，我们常犯的错误还有一个，那就是总是跟孩子讲那些他们根本就没有兴趣的问题，比如说他们成年的幸福、别人的尊重，以及将来的利益，等等。

孩子们根本就不关心这些，所以我们说再多都没有意义。可这些可怜的孩子不得不在平时的学习中去接触、去面对这些与他们的本性相违背的东西，可想而知，他们的痛苦有多深。

那些职业教育家所持的论调和我的完全相反，这点从他们的教学实践中可以看出，他们的想法和我的如出一辙。

那他们教给孩子的都是些什么呢？除了词句，还是词句。他们教授的都是一些无用的学科，因为这些学科中含有大量的术语、谱系、年代、地理以及**语言**等，这些能够显示他们知识的渊博，而那些有用的知识都来自于涉及事实的学科，一不小心就会出现差错。

如此一来，孩子们所学到的那些知识对他们的现在和将来没有丝毫用处，甚至可以说，他们的一生中如果能用上一次就已经是万幸了。

语言　在所有的无用教育中，语言是其中之一。你或许觉得这种说法有点儿少见，但我要强调一下，我所指的是童年时期的教育。

无论你们怎样说我，我都坚持认为，一个普通的孩子不可能在12岁或者15岁之前真正掌握两门语言。

对于孩子来说，学习语言无非是学习一些句子或者词语，但是语言学习远非这样简单，随着语言符号的改变，其所传达的观念也会发生变化。

在所有的语言中，唯一共通的是思想，而那些语言精神的表现形式则迥然有异。对于孩子来说，他只会运用诸多形式中的一种，而且在他成长到拥有理性的年龄之前不会再有另外一种。

要想同时掌握两门语言，他们首先要学会将不同的观念进行对比，可他们不可能做到这一点，因为他们连观念是什么都还没搞清楚呢。

你可能会反驳我说，你的确看到有的孩子会说好几种语言。在这里，我明确表示我不同意你的观点。

的确，我也曾看到过几个会讲五六种语言的孩子，他们甚至被称为神童。我听见他们变换着说不同的语言，说完了德语说拉丁语，说完了拉丁语说法语，说完了法语又说意大利语。他们能够运用五六种语词，但他们说出来的全是德语。他们变换的是语词，而不是语言。

老师之所以去教孩子们那些很少有人运用的语言，是因为没有人会对他们的教学提出质疑，这样就可以掩饰他们的无知。

因为会说这门语言的人寥寥无几甚至早已绝迹，所以他们只能去模仿那些以书面形式流传下来的语词，而且还宣扬说这就是口语。

想想吧，老师的希腊文或者拉丁文的水平尚且如此，还能指望学生能把这两门语言说得多流利。

地理 符号是用来表征事物的，观念是用来表现事物的，如果不能将这两者结合起来，任何学习都会变得没有意义。孩子的学习就存在这个缺陷，他们学的只是符号。

在地理课上，老师以为自己教授的是地理，可孩子们掌握的只是地图。通过老师的讲解，孩子们知道了很多国家名、城市名、河流名，他们很容易就可以在地图上指出某个地方的位置，但在现实中，他们根本就分不清这个地方在哪里。

记得曾经看过一本地理书，它的开篇写着这样一句话："世界只不过是一个用硬纸包成的球而已。"用这句话描述孩子们学习的地理再恰当不过了。

我敢说，一个学习了两年地球仪和《世界志》的 10 岁孩子不会根据所学的知识给出从巴黎到圣丹尼镇的路线。

我敢说，没有一个孩子可以拿着他爸爸所绘的园林示意图就能走过那些弯弯曲曲的小路，而且还没有迷路。

还有那些博士，对他们来说，在地图上指出北京、墨西哥、伊斯法罕以及世界上任何一个地名都是轻而易举的事情，可他们和那些孩子没什么不同。

有人说，孩子们只适合去学那些只用眼睛就可以学会的东西，这种想法固然好，但迄今为止，这样的东西我还从未遇见过。

历史　更可笑的是让孩子们去学习历史。你说历史就是一堆事实的堆积，理解起来很容易。那么，"事实"该怎样定义？难道你觉得决定历史事实的那些关系浅显易懂，孩子们要想在心里形成与之相对应的观念简单至极吗？

对于一个历史事件，如果不了解其发生的原因和其所导致的后果，就算对其发生的过程再熟悉也没有丝毫意义。

如果历史仅仅是一系列用不带价值判断的语言描述的人类行为，那历史实在没什么好学的。你可以试一试，看看你的学生能不能理解那些行为背后的道德关系，这样你就知道他们到没到适合学习历史的年纪了。

孩子们很容易就能记住诸如"国王""国家""战争""征服""法律""革命"等这些词汇，但是他们却很难理解这些词语所传达的观念。当你给他们加以解释的时候，肯定不会像跟爱弥儿解释因蚕豆问题而同园主罗伯特发生的纠纷那样简单。

在大自然的塑造下，孩子们的头脑具备了接受某些印象的能力，可这并不意味着他要用这种能力去记那些国王的名字、事件发生的年代、国家的名称以及那些无论对他这样的年纪还是对其他任何年纪的人都毫无意义的词语。

如果我们非要把这些东西强加在他们稚嫩的心灵之上，必然会让他们的童年变得了无生趣。

孩子们的头脑是可塑的，我们要充分利用这一点，把那些他们能够理解的，并且对他们有益的、关系到他们的切身幸福的、有助于他们日后履行职责的观念深深地烙在他心中。

这样，能让他对此形成根深蒂固的印象，这有助于他终其一生都能按照与他的天性和才能相适应的方式去生活。

没学习课本知识的时候，孩子的记忆力也没有闲着。他将看到的或听到的东西记在脑中，包括大人的一言一行，这些都对他形成潜移默化的影响。他周遭的一切就好像一本书一样，在无形中锻炼着他的记忆力，增进着他的判断力。

这就到了我们发挥作用的时候了。我们要随时注意他的周围，把那些他不能理解或不应知道的东西收起来，只让他接触他能够理解的东西，从而有选择地培养他的记忆力。我们要给孩子建立一个知识仓库，为他青年时期的教育打下良好的基础。

或许，用这种方式培养出来的孩子没有什么特殊的才能，他的老师或保姆也没有什么可在人前炫耀的，但是他长大后必能成为有见识、有修养、身心都很健康的人。虽然小的时候没有人注意到他的才能，但长大后他肯定会受到别人的尊重。

寓言　我绝不会让爱弥儿去背诵课文，包括寓言。诚然，拉·封登的寓言简单而生动，但是我也不会让他去背诵。就好像历史书中的文字讲的不全是历史一样，寓言中的文字讲的也不全是寓言。

我们竟然把寓言当作伦理学给孩子讲授，这是多么愚蠢的行为啊。我们用寓言去启迪孩子的道德和心灵的时候，怎么能保证孩子理解的是寓言的原意呢？我觉得，寓言只适用于对成人的教育，而对孩子说话应该直截了当。

孩子们不会完全按照原有的寓意去理解这些故事，无论你怎样努力把故事讲得浅显易懂，都无法避免那些超乎他们的理解力的东西。

在拉·封登的寓言集里，简单明了的只有五六篇，其中最精彩的是《乌鸦和狐狸》。接下来，我将以此为案例来分析寓言为什么不适合孩子去学习。

乌鸦和狐狸

"乌鸦在一棵树上歇息。"

第一，孩子们知道什么是"乌鸦"吗？他们见过"乌鸦"吗？第二，我们的语言习惯是"歇息在一棵树上"，而不是"在一棵树上歇息"。

要想让他们明白这句话的意思，首先得让他们弄清楚什么是诗歌的倒置法。在这之前，还要先给他们讲什么是散文，什么是诗。

"它的嘴里叼着一块奶酪。"

什么样的奶酪呢？如果孩子连乌鸦都没有见过，他们怎么能想象得出乌鸦嘴里叼着一块奶酪的样子呢？

道德上的理解比字面上的理解更加困难。狐狸通过奉承、欺骗的方式得到了乌鸦嘴里的那块奶酪。孩子们听完后会得出什么结论呢？你会发现他们的想法和寓言所传达的完全相反：他们觉得乌鸦太笨了，而狐狸非常可爱。

读书识字 要想让孩子们彻底摆脱功课，最重要的一点是消除课本。对于孩子来说，读书是一切烦恼的来源，给他们的童年带来种种灾难。爱弥儿12岁的时候还不知道书长什么样子呢。

你肯定会说，阅读是人必需的一项技能，他不能不学。我同意你的观点，但是只有到他需要阅读的时候，我才会让他去阅读，否则的话，他会厌烦不堪。

如果我们不强迫孩子，他们只会去学习觉得对自己有好处或者自己感兴趣的东西，除此之外，他们再没有别的学习动机。

与那些和我们不在同一个空间里的人说话或者听他们说话，然后不借助任何媒介与他们进行思想、情感的交流和沟通，这的确是一门伟大的艺术。这门艺术对任何人来说都值得去学习，而且人们也乐意去学习。

可这门如此有用而有趣的艺术却成了套在孩子们脖子上的枷锁。之所以会出现这样的情况，那是因为孩子的学习不是出于主动。他们处于一种被胁迫的状态中，并且觉得这些东西既无用又无趣。

如果孩子们觉得这对他们是一种折磨，又怎么会心甘情愿地去接近它呢？相反，如果他们能从中感受到快乐，不用你说，他们也会主动去做的。

我们费尽心思去钻研，试图找到一种最有效的让孩子们学会读书识字的方法。为了达到这个目的，有的人发明了单字拼读片和字卡，有的人把各种带有字的纸张贴在墙上，把孩子们的房间装饰得像个印刷厂一样，洛克主张用字骰教孩子认字。

这些方法听起来都很不错，可人们却把最有效的一种方法忽略了，那就是培养孩子们读书识字的欲望。只要孩子们想学习，不管用怎样的方法，他们都能学好。

能够取得立竿见影的效果是人们从事一切活动的最大动力，对于孩子也是如此。

有时候，爱弥儿会收到一些来自他父亲或者朋友的请柬，让他去划船、赴宴或者看戏什么的。

这些请柬上的字简洁、清晰，而且书法也很漂亮，可问题来了，爱弥儿不识字，所以只好让别人把请柬上的字念给他听。

可他要不就是找不到人，要不就是找到的人一点儿也不乐于助人。等好不容易有人给他念了，可为时已晚，聚会的日子已经过了。

爱弥儿懊丧极了，他想，如果自己识字的话就好了。过了几天，他又收到了几封请柬，这一次，他没有求助于他人，可上面的字他只认识几个：请他去吃奶油。

可在哪里吃，跟谁一起吃，他都一概不知。他用尽各种手段，不过还好，他把其他的字全都认了出来。

所以你看，爱弥儿根本就不需要写字卡什么的。接下来，我是不是该讲一讲如何写作了？不会的，我的重点是论述教育，我怎么会在这些琐碎的小事上浪费精力呢？

我再多说一句，这句话是一项非常重要的准则：你越是不急于达到某个目的，你就能越快达到这个目的。

我敢保证，爱弥儿在 10 岁之前就能学会读书写字，因为我对他在 15 岁之前能不能学会读书写字一点儿也不在意。

不过，我倒觉得还是不会读书写字好，这样他就可以有更多的精力去学习其他的东西。我不想把他弄得一看见书本就厌烦，否则的话，读书对他还有什么意义！

我越是固执地坚持这种消极的教育方法，反对我的声音就越多。你可能会说，如果你什么也不教他们，他们就会转而跟别人去学习。如果你不告诉他们什么是真理，他们的心灵就会被邪说占据。

你担心他们会有偏见，可这种偏见正是受了周围的人的感染。那些人的所作所为、所想所感全都看在他的眼里，然后进入他的心灵，败坏着他那还未萌芽的理性。他那还没得到开发的心灵早已接近麻木，现在又开始深陷在物质的享受中。如果现在不有意识地去培养他思考问题的习惯，那他长大成人后就会丧失这项能力。

面对这些异议，不是我不能回应，而是我不想回应。如果我的方法有效，就是对那些反对我的人的最好的反击，如果我的方法无效，我说再多的话也会显得苍白无力。所以，我还是继续我的谈论吧！

六、锻炼孩子的体力是培养其智力的前提

如果你能按我说的去做，摒弃那些所谓的正统的教育方法，如果你能专注于孩子的现在，而不是整天想着如何成就他美好的未来，那么你很快就会发现，孩子很快就具备了观察、记忆和推理的能力。你完全可以相信我，因为这是自然法则。

等他的感觉达到足够活跃的程度之后，他很快就会拥有与他的体力相适应的判断力。如果他还有多余的体力的话，那他就可以用来发展自己的思考能力。所以说，锻炼孩子的体力是培养其智力的前提。要想让他变得聪慧，首先得让他变得强壮。

多让他参加劳动或者活动，奔跑也好，喊叫也罢，反正不要让他总是处于静止的状态，不久之后，他就会成为一个精力旺盛的人。

如果你总是把他当成一个机器人去支配，整天对他指指点点，一会儿让他做这个，一会儿又不允许他做那个，久而久之，他就会变成一个没有主见的傻瓜。如果他的双手总是受你的大脑支配，那他还要自己的大脑干什么？

在这里，我必须重申一遍：如果你是一个忠于传统的老学究，最好还是别看我的这本书了。

有的人认为，大脑支配身体才对，好像这两者不能同时进行活动，否则身体的锻炼会损害大脑的运转。

这简直就是个天大的谬误。有两种人只活动他们的身体，而从来不用他们的心灵：农民和野蛮人。农民虽然身体强壮，却粗鲁愚钝。相反，野蛮人却以敏锐的洞察力和观察力著称。

这种差异从何而来呢？在农民所接受的教育中，他们总是按别人

说的去做，或者模仿别人的样子去做，又或者长大后还是一成不变地做着小时候的事情。

他们不懂得变化，总是循规蹈矩，从来没有想过按自己的方式去生活，就这样，习惯代替了思考，服从代替了理性。

再看那些野蛮人，他们居无定所，没有特定的任务，也不用听命于任何人。他们的生活中没有规则可言，只有自己的意志，

所以，当他遇到问题的时候不得不自己去思考、去解决。他们的体力和智力是一种相互促进的关系：体力越强，智力越高；智力越高，就越有办法提升体力。

那些渊博的老师，我想问你一个问题：我的学生和你的学生，哪个更像农民，哪个更像野蛮人？

你的学生时刻都处于你的掌控之中，他只做你让他去做的事情。凡事都不用他自己去思考，因为你早已为他打算好了。

你为他的未来和幸福操着心，他自己则用不着动脑筋，只要听从你的判断就可以。出门前，他不会去看天下没下雨，因为他知道你早已给他看好了天气。散步时，他不用去关心现在是几点，因为他知道到时候你自然会喊他回家吃饭。

他的身体没有变得更加强壮，心智也没有变得更加灵活。你让他用仅有的那点儿理性去做根本就没有用的事情，结果他不再相信理性的重要性。

再看我的学生，更确切地说，是自然的学生。他从小就锻炼着自己去做一些事情，他没有求人的习惯，也没有夸夸其谈的毛病。此外，凡是遇到与他有关的事物，他就会去思考、做判断，甚至尝试去预测事情的发展。

他对世界上的事知之甚少，可对于他该做的事情总是不遗余力地去完成。为了更好地去行动，他不得不经常对事物进行观察。如此一来，他的经验越来越丰富，可这些经验并非来自人，而是来自自然。

正因为没有受到教育的干扰，他才能更好地进行自我教育。凡事

他都要自己思考，然后再去行动，这样他的头脑和身体都得到了锻炼。随着身体越来越强壮，他的智慧也越来越多，判断力也越来越强。

通过这样方法，他就能获得很少有人能同时拥有的两样东西：强壮的体魄和发达的智力。到时候，他将集智者的理性和运动员的活力于一身。

在大自然的独立指导下，孩子摆脱了柔弱的身体，心灵也不再愚钝，并且逐渐培养起儿童时期最易培养也是唯一能够培养的理解力，这种能力将让他终身受益。

在锻炼中，孩子学会了如果恰当地运用自己的体力，知晓了自己的身体和外物的关系以及如何运用那些与自己的身体相适应的工具。

而那些长期被母亲关在屋子里的孩子，他们连重力和阻力是什么都不知道，却生出拔掉大树、摧毁岩石的想法来，真是愚蠢至极。

七、让孩子的感官先发展起来

为了应付周围的环境，以及探究与自己有关的不同事物所引发的不同感觉，人有了最初的自然活动。可以说，这种自然活动就是一门实验物理学，其目的是为了维持生存。在儿童时期，我们的主要任务是熟悉自己与周围各种事物的关系。

事物首先经过我们的感官，才能进入我们的头脑。所以，我们对事物的最初理解都是感性的，只有以感性为基础，我们才能构建起理性的大厦。

我们的第一个哲学老师是自己的手脚和眼睛。如果用书本来代替实践，那我们学到的会是别人的推理结果，而自己永远也拥有不了推理的能力。

从事一门职业之前，我们首先有从事这门职业的工具，这些工具必须是经久耐用的，这样才能保证我们顺利工作。

所以说，在学习如何思考之前，我们首先应该有强壮的身体。我们的四肢、感觉以及各种器官都是我们挖掘智慧的工具，为更好地使用这些工具，我们就需要去锻炼它们。人的理性是建立在身体的基础之上的，只有拥有健康的体魄，才能建立健全的理性。

在所有的官能中，最先发展起来的是感官，可最容易被忽略的也是感官。我们训练感官的目的不是为了使用它，而是通过它形成正确的判断力。

训练感官指的是学会感受周围的事物。怎样去摸，怎样去看，怎样去听，这些能力看似简单，可如果不学习的话，我们不一定能做对。

有一些身体运动，诸如游泳、跑步、抽陀螺、丢石头等，它们对我们的胳膊和腿都有好处。虽然它们能锻炼我们的身体，却对提升我们的判断力没有多大作用。

除了胳膊和腿之外，我们就没有其他的器官了吗？我们的眼睛和耳朵难道对四肢的活动没有帮助吗？因此，除了身体之外，我们也要锻炼对身体有指导作用的各种感官，将各种感官都充分利用起来，并且用一种感官所带来的印象去印证另一种感官所带来的印象。

我们要学会并习惯于测量、承重、计算和对比。在使用自己的力气之前，先要估算一下阻力；在动手做某件事情之前，要先估计可能会产生的效果，然后再拟订行动方案。

对于自己的体力，既不要频繁地使用，也不要很久都不用。我们要养成事先估算效果的习惯，并且在实践中根据已有经验对错误加以纠正。只要能做到这一点，我们的智力会随着活动量的增大而增加。

触觉 我们对各种官能的使用频率并不是平均的。醒着的时候，我们的触觉十分活跃，几乎遍布我们身体的每一寸皮肤。它无时无刻不在提醒着我们，让我们抵御那些可能对我们造成伤害的外部刺激。

触觉给我们带来了最初的人生体验，并且这种官能几乎不用经过训练。

众所周知，盲人的触觉比正常人要敏锐得多，这是由于他们丧失了视觉这种官能，所以只能用另一种官能来弥补，即用触觉来感知我们用眼睛感知到的事物。

我们可以练习走夜路或者在黑暗中拿取物件、感知环境等。也就是说，盲人做任何事情都是在黑暗中，只要我们用这种方式锻炼自己，就可以提高辨别事物的能力。

可以说，我们有一半的人生都是瞎的，而真正的瞎子不会受到黑暗的影响，而我们在夜晚却是寸步难行。

有人说，我们可以想办法解决这个问题，比如说点灯。可是，你能保证你的手边随时都有灯可以用吗？换作是我，我宁愿让爱弥儿的手上长对眼睛，也不愿让他去买什么蜡烛。

假如有一天夜晚，你被独自关在一间屋子里，这时候，你可以拍两下手，通过回声来判断屋子的大小以及你是站在屋子的中间还是角落里。你可以站在原地转一个圈，感受一下风是从那个方向出来的，以此来判断门口的位置。

与此相类似的只能在黑夜里获得的经验还有很多，而在白天，我们的眼睛虽然给了我们很大的帮助，但同时也分散了我们的注意力。所以，就算我们用心去搜集，还是会将很多经验遗漏。

害怕黑夜是一种天性，不光是人，动物也是如此，所以我建议大家多从事一些夜间的活动。我曾经见过一些辩论家、哲学家和军人，他们在白天的时候是那么受人瞩目，可到了晚上，就变得跟个妇人一样，树叶掉到地上的声音都会让他们浑身颤抖。

有人说，这种对黑暗的恐惧源于小的时候保姆给我们讲的故事，这种说法实在太荒谬了。恐惧感是由自然原因导致的，这个原因也是聋子和普通人产生迷信的根源：对未知事物及其变化的不了解。

平时我们习惯了远距离观察事物，并且会对事物的影响做出预想，可在黑夜里，我们什么也看不见，就算待在一个安全的地方，也生怕被周围的什么东西伤害。要想对抗这种恐惧，我们就得保持理性的头脑，可在本能的作用下，我们根本就冷静不了。

既然找到了症结所在，我们就要对症下药。所有的恐惧都是我们的头脑想象出来的，而对抗想象的最好方式就是习惯。讲多少大道理都是没有用的，唯一的办法就是经常去适应黑暗，多么深刻的哲学理论都不如实践的效果来得快。

那些建筑工人无论站得多高都不会觉得头晕。同样，习惯了黑暗的人也就不会再害怕黑暗。

在所有的感官中，我们最常用到的就是触觉，但仅凭触觉做出的判断往往是片面的或者不准确的。

在我们运用触觉的时候往往伴随着视觉，因为目光到达物体的速度要比手到达物体的速度快得多，所以多数情况下，只要我们看到了某个东西就可以做出判断。

换个角度来说，依靠触觉的判断又是相当可靠的，毕竟我们能触摸到的东西是有限的。此外，当其他感官发生偏差的时候，也可以用触觉来弥补。触觉甚至可以代替听觉，因为发音体在发声的同时会产生振动。

比如说，我们无须用眼去看、用耳去听，只要把手放在小提琴的琴弦上就可以判断出它的音高以及发音的部位是高音弦还是低音弦。

人的感官能力有高低之分，并且是可以训练出来的，我敢说，只要我们勤加练习，我们的手指早晚会具备听曲子的能力。如果真的有那么一天，我们就可以同聋子交流音乐了。

视觉 在所有的感官中，视觉是被运用最频繁的一个，同时也是可靠性最低的一个。由于视觉可以延伸到很远的地方，产生作用的范围太广、速度太快，所以当其发生偏差的时候，很难用其他的感官去弥补。

在训练视觉的时候，我们要采取特殊的办法：不要因为简单就忽略它，而是要将视觉训练和其他感官的训练结合起来。比如，可以用触觉的稳定来弥补视觉的轻率，这样依靠视觉判断的准确性就大大提高了。

当我们目测事物的高度、长度、深度或者距离时，往往会出现很大的偏差，其原因不是视觉本身存在缺陷，而是我们运用视觉的熟练程度不够。

换作那些工程师、测量师、建筑师或者画家，只要看一眼，他们就能给出一个相当准确的数字，特别是在空间的目测上，他们的眼力更加厉害。出于职业需要，他们在长期的实践中积累起了丰富的经验。

我们可以采取各种办法来引发孩子对测量和估算的兴趣。

面前有一棵结满果实的樱桃树，可树太高了，我们根本就摘不到果实，从仓库里拿把梯子过来能够着吗？一条小溪挡住了我们的路，可小溪太宽了，我们根本就迈不过去，从院子里拿块木板搭在上面能过去吗？

要用多长的钓鱼线才能从窗户里钓到沟壕里的鱼？如果新房子只有25平方米，那我们会不会住得很挤？我们饥饿难耐的时候，有两个村庄可以去吃饭，哪个离我们更近？

如此这些。

在所有的感官中，视觉同心灵判断的关系是最紧密的，所以我们要花大量的时间和精力去培养观察的能力。只有经常把视觉和触觉进行对比，视觉才能正确把握事物的形状和距离之间的关系。

如果脱离了触觉，没有了运动，仅凭一双眼睛不可能把握空间的样子，就算是世界是最敏的眼睛都不行。只有通过行走、触摸、测量或计算事物的尺寸，我们才能学会目测和估算。

不过，这样做有一个缺陷，如果我们长期采用这样的方法，就会对这些工具产生依赖心理，从而让感官变得越来越迟钝。

我让爱弥儿先目测或估算，然后再给他工具让他去测量，以此验证自己的判断。经过这样的训练，他的视觉判断力会越来越强。

我们的身高、一步的距离以及手臂的长度等，这些都可以作为进行估算时的参照。估算房屋有多高的时候，孩子可以参照他们的老师的身高；估算钟楼有多高的时候，孩子可以参照房屋的高度；估算一条路有多长的时候，孩子可以参照自己的脚步。

我们要做的就是把这些方法教给他们，等他们真正去做的时候，我们就不要再插手了。

要想对事物的大小和广延有一个准确的判断，我们必须了解它们的形状，并用语言将之描述出来。这就要求我们熟悉配景的法则，否则的话，我们很难根据事物的形状判断出距离的远近。

模仿是孩子的天性，看到什么都想画出来。我当然不反对让爱弥儿学习这门艺术，但我不是为了让他掌握画画的技巧，而是为了培养他敏锐的观察力和手指的灵巧度。

所以，我不会给他选择一位只会用仿真品来教学的老师，我希望他的老师是大自然，而他的模特就是他所能看到的一切。

我会让他画眼前的事物而不是临摹纸上的图画，我会让他坐在房子面前画房子，坐在大树面前画大树，坐在人面前画人，这样他可以变得越来越细心，从而养成善于观察事物的习惯。

除非他已经把某个事物的样子牢记在大脑中了，否则的话，我不会让他凭记忆去画画。他对事物的印象很有可能产生偏差，画出来的东西稀奇古怪，完全扭曲了其真实的样子，这样的话，他永远不可能拥有比例的观念和审美的能力。

我知道，这样的教育方法的结果可能是，他练习了很长一段时间，却还是什么东西都画不好，他的水平离一个真正的画家还很远，线条一点儿也不流畅，轮廓一点儿也不清晰，也没有鉴赏作品的能力。

可这并不代表这样做没有用，你会渐渐地发现，他观察事物的时候越来越仔细，手指变得越来越灵巧，而且能够把握各种动植物以及各种天然物品的大小以及比例，构图的技巧也越来越成熟，这些都是他积累起来的宝贵经验。

这就是我的目的，我不要求他能把什么东西都准确地画出来，只要他下次见到的时候能认出来这是什么东西就可以了。

我在前面已经提到过，孩子们还没有学习几何这门学科的能力，可学校非要开这门课程。孩子们的思维方式和成人是不同的，几何锻炼的是人的推理能力，可孩子们只有观察能力，那些老师完全把这一点忽略了。

为了证明某个定理，这就要求我们用已知的定理或结论以及各种逻辑关系去推理，这样复杂的一个过程，就算是最严谨的推理家，如果他的想象力不够的话，也都没办法完成。

这样做的结果就是，老师教给孩子的不是如何去推理，而是推理得出的结论，这样的教育对孩子有什么意义呢？充其量也就是训练了一下孩子的记忆力罢了。

老师只要画一些图形，然后把它们放在一起，或排列或叠加，然后让孩子去研究它们之间的关系就可以了。你不用给他们讲什么定义或者推理，只要进行仔细观察，他们就会掌握几何的基本知识了。

在爱弥儿学习几何的时候，我不会教他，而是由他来教我。我会让他主动去发现那些关系，然后我去寻找那些关系，但我在寻找的过程中会引导他如何发现那些关系。

比如说，我不会用圆规去教爱弥儿画圆周，而是找来一根线，把线的一头固定在一个轴上，另一头绑上一支铅笔，然后转一个圈。

画好之后，我会把那些半径加以对比。爱弥儿发现了问题，他就嘲笑我说，如果把线抻直的话，画出来的半径就会是相等的了。

再比如说，我要画一个 60° 的角，然后以这个角的顶点为圆心画一个圆。这时候，我发现角的两条边之间的圆弧占整个圆周的 1/6。

之后，我又以这个角的顶点为圆心画了一个更大的圆，经过测量我发现这个角的两条边截取的弧线还是占这个大圆的 1/6。

接着，我又重复上面的动作，在大圆的外面又画了一个圆，结果还是一样的。当我准备画第四个同心圆的时候，爱弥儿按捺不住了，他惊喜地对我说，如果总以这个点为中心画圆的话，这个角所截取的弧形总占整个圆的 1/6。

这样，爱弥儿就学会怎样用量角器了。

通常情况下，人们总是强调几何证明，而忽视了作图的重要性。我的做法恰恰相反，我非常注重培养孩子作图的能力。线条一定要流畅，直线就要笔直，弧线就要平滑。

我会利用不同图形的不同特点来验证孩子画出来的图形是不是规范的。

比如说，我会沿着某条直径把一个圆折起来，或者沿着某条对角线把一个正方形折起来，如果两部分恰好重合的话，就说明这个图形是规范的。当然，还有平行四边形，都可以采用这样的方法来验证其对称性。

对于我的学生来说，只要学会了如何使用尺子或者圆规画出精巧的图形来就够了，这就是我所要求的他们掌握的全部几何知识。

听觉 以上关于触觉和视觉的训练方法也适用于听觉的训练。我想，把听觉和视觉进行对比的话应该能收到很好的论证效果，就好像我之前把触觉和视觉放在一起进行比较一样。

同一件事情或者同一个物体可以对不同的感官发生作用，只是被感官接收的时间有先有后。

比如说，我们看见大炮口冒出火光，这时候我们还来得及躲避，可等到爆炸声传来的时候就来不及了，因为炮弹已经到了我们面前。又比如说，我们可以根据闪电和雷声之间的间隔时间来判断它与我们之间的距离。

孩子的这些经验都应该来自实践以及对原有经验的推理，如果是道听途说或者老师告诉他们的，我宁愿他们什么都不知道。

与视觉不同的是，听觉有一个与之相配合的器官，那就是发声器官。在训练听觉的时候，我们可以把主动器官和被动器官结合起来，这样效果会好些。

人的声音有 3 种类型：说话、唱歌和传情。其中，最后一种类型可以赋予前两种类型以感情，让其变得更加动听。孩子身上也同时具备这 3 种类型，只是他们不能将之综合运用。

完美的音乐可以很好地呈现这 3 种类型，可孩子还不具备欣赏音乐的能力。他们的歌声里没有激情，就好像他们说话的语调里也不带感情一样。爱弥儿说话的声音很平淡，没有起伏，这是因为他的激情还没有被引爆出来。

所以，我不主张让孩子去背诵那些或悲或喜的台词，或者去学习一些辩论的技巧。他们不可能将那些都不懂的事情讲述得绘声绘色，更不可能将那些都没经历过的情感演绎得真挚动人。

从孩子刚一开始学说话，我们就应该教他语调要平缓而有重音，发音要清晰而不做作。同时，要敢于大声说话，保证别人能听清楚他在说什么。唱歌的时候也是如此，语调要平稳而柔和，发音要清晰而洪亮，耳朵要能把握节奏和韵律。

如果孩子能做到这些就足够了，教他更多的东西也是无用的。

由于年龄还小，孩子不适合唱拟声音乐或舞台音乐。我甚至主张不要让孩子唱歌词，如果唱的话，尽量让他唱一些符合他的年龄以及理解水平的歌词。

有人认为，我不教孩子识字，也不教孩子识谱。他们说得对，我不希望孩子把时间和精力都花在那些死板的符号上。

这的确很困难，因为孩子不识谱也会唱歌，就好像他们不识字也会说话一样。可唱歌和说话是不同的，前者表达的是别人的思想，而后者表达的却是自己的意愿，所以识谱是必要的。

因为听觉和视觉有互通之处，所以可以用听代替看。用耳朵去听比用眼睛去看更容易，而且能更快学会唱歌。除了学会唱歌，还要学会谱曲，这样才能称得上是一个精通音乐的人。

首先，你要先教孩子写出通顺流畅、朗朗上口的句子，然后给这些句子配上合适的调子，最后选择恰当的音韵和休止，用音符标出它们之间的关系就可以了。

需要强调的是，谱出来的调子千万不能不伦不类，或者包含着悲观消极的情绪。好的曲子应该简单朴实，并且标注出了低音，很适合边听边唱。在训练嗓子和耳朵的时候，最好和着大键琴唱，这样的效果会好些。

味觉 在所有的感官中，味觉的影响是最大的。有好多东西，在我们听到、看到或者触摸到它之后，往往没什么感觉。但是，我还没有听说过有一样东西，在我们尝到了它的味道之后还可以若无其事地从它身边经过。

此外，味觉是一种涉及肉体或物质的活动，其中几乎不掺杂任何想象的成分，或者说，其掺杂的想象的成分是所有感官中最少的。因为想象是一种主观活动，所以其他感官很容易受到主观意志的左右。

有人说，味觉不如其他感官重要，而且口腹之欲也不是什么高尚的行为。我认为恰恰相反，在孩子的教育中，味觉的作用是很大的。

食欲比虚荣无害，而且吃东西是人的一种自然欲求，由人的感官决定，而虚荣则是社会的产物，与人类的种种陋习相关。

贪吃是孩子最自然也是最大的欲求，可随着年龄的增长，其他的欲求就会越来越多，从而盖过对食物的欲望。伴随着这些新的欲望而出现的是越来越强的虚荣心，而且终有一天，虚荣心会把他所有的情感都侵蚀。

然而，这个动机太过低级，我不希望人们胡乱利用它，更不希望用美味的事物去奖励正确的行为。自由嬉戏和玩耍是孩子的天性，我们可以用一些物质的东西去弥补孩子由于运动所耗费的体力。

比如说，马召尔卡岛上有一个小男孩，他看到树上挂着一只篮子，于是他就用弹弓把那只篮子射了下来，难道我们不应该给他准备一顿丰盛的早餐来弥补他失去的力气吗？但这顿丰盛的早餐只是对他耗损的体力的弥补，而不是对他的行为的奖励。

我在石头上放了一块点心，但这绝不是对爱弥儿跑得最快的奖励，但是我要让他知道，要想获得那块点心，他必须比别人先跑到那块石头那里。

不要限制孩子的饮食，只要他们不挑食，想吃多少就让他们吃多少，想怎样玩就让他们怎样玩。不用担心他们会吃太多，也不用担心他们会消化不良。

相反，如果他们经常吃不饱饭，而且也有办法逃避你的管束，那他们就会自己去寻找食物，而且暴饮暴食，直到吃得走不动路了为止。

有些人之所以会没有节制地吃东西，是因为他们违背了自然法则。在乡下，农民家里放菜的橱子和放水果的箱子都是敞开的，但很少有孩子或者大人患上消化不良。

嗅觉　嗅觉和味觉的关系就像视觉和触觉的关系一样。嗅觉在味觉之前，它先对东西做出一个大致的判断，然后我们再根据这个判断做出趋向或者逃避这个东西的行为。

据说，野蛮人的嗅觉机制和我们是不一样的，他们觉得好闻的或许我们会觉得很刺鼻。我相信这是真的。气味对人的感官的刺激是很小的，与其说它触动的是我们的感官，不如说它触动的是我们的想象力。

那些我们通常认为的由嗅觉引发的身体的反应其实是由我们的想象力引起的。可以说，所有的气味触发的都仅仅是我们的想象力而已。

我们不应当过多地刺激孩子的嗅觉，因为孩子还没有太多的欲念，想象力也没有被激发出来，不容易受到外界情绪的感染。而且，孩子也没有凭借对一种感官的印象去预测对另一种感官的印象的能力。

这一点毋庸置疑，孩子的嗅觉很迟钝，甚至可以说没有。这并不是说孩子的嗅觉器官发育得不完全，而是因为他们头脑中的观念还太少，不会因为闻到了某种气味就引发关于快乐或者痛苦的诸多联想。

我想，如果我们像训练猎狗辨别猎物那样去训练孩子辨别事物的能力，那孩子的嗅觉肯定会变得非常灵敏。但是，除非我们这样做的目的是为了让他们明白嗅觉和味觉的关系，否则的话，我觉得这样的训练没有丝毫意义。

第六感觉 我称第六感觉为通感，它是在各种感官的配合下形成的，通过综合事物的种种外形做出对其性质的判断。所以，第六感觉不是由单独一个感官产生的，它源于我们的大脑。

有时候，我们又称这种感觉为"知觉"或者"观念"。我们可以以这些观念的多寡来判断一个人知识面的广度，或者以这些观念的清晰度和精密性来判断一个人思想的正确性。所谓人的理性，就是一门将这些观念进行对比的艺术。

几种感觉的组合就形成了简单的观念，我称之为"感性的理解"或"儿童的理解"；几种观念的组合就形成了复杂的观念，我称之为"理性的理解"或"成人的理解"。

八、爱弥儿12岁了：变成成年人的前夕

假如说我的方法符合自然的秩序，而且我在实践过程中没出现错误的话，那爱弥儿就能成功地走过感性这个阶段，进入理性发展时期。

等再走过这个时期之后，爱弥儿就是一个成年人了。但在进入理性发展时期之前，让我们先来回顾一下他走过的路。

每一个人生阶段都有一个特定的评价完美的标准。我们经常说谁是一个"完美的成人"，据此，我提出一个新的说法，即"完美的儿童"。这个说法可能比较新奇，但只要不至于引起别人的反感我就知足了。

看到一个健康活泼、身强体壮而且各方面的发育都很完善的孩子站在我面前的时候，无论想到他的现在还是他的未来，我的心里都有一种说不出的兴奋。

现在的爱弥儿聪明伶俐，充满朝气，沉浸在无忧无虑的童年生活中，等他再长大一些的时候，他就可以更加自如地运用他的感觉、理性以及各种能力了。

无论是把他看成一个孩子，还是看成一个成人，我的心里都无比愉快。我感觉自己被他的生命力感染了，自己的生命和他融为了一体，仿佛又找回了我那早已逝去多年的青春。

突然，伴随着一阵钟声，一切美好都消失了。爱弥儿的眼睛失去了光彩，脸上的笑容也收敛了起来，他呆呆地站在原地。突然，一个表情严肃而阴郁的人一把抓住他的手，一本正经地对他说："跟我来，孩子。"说完就把他带走了。

他们进入了一间房子，放眼望去，满屋子都是书。没错，是书！在孩子的眼中，没有比书更沉闷无聊的东西了。

多么可怜的孩子！他就这样被拖走了，丝毫没有反抗的能力。他回头看了一眼那些曾经带给他无数快乐的东西，禁不住流出了眼泪，但他不敢哭出声来。他只能将所有的怨气憋在心里，没有抱怨的权利。

到我这里来吧，我原本无忧无虑的学生啊，赶快远离那个让人窒息的地方，到我这里来给我安慰吧。爱弥儿朝我走来。当他越来越靠近我的时候，我高兴至极，同时我也能感觉到他的欣喜。

他的朋友在这里等他，他们可以一起快乐地做游戏。他坚信我这里能带给他无限美好的时光。他和我相处得很融洽，丝毫不存在谁依赖谁的状况。

他浑身上下都散发着蓬勃向上的活力；他的身体、表情以及各种动作，无不透露着幸福与自信；他身强体壮、步伐稳健、精力充沛；他的皮肤细嫩而充满光泽，丝毫不显得柔弱；他的身上被空气和阳光印上了男性的标记。

他的内心还没有燃起情欲的火焰，但至少还保留着童年的单纯和天真；他还不知道虚荣和傲慢为何物，待人接物的时候既开朗又大方。

虽然他心中尚未形成太多的观念，但已有的观念都是清晰而确定的；虽然他的记忆里满是空白，但他靠经验掌握了很多知识；虽然他的学习成绩比不上其他的孩子，但他对大自然的认识比别的孩子都透彻和深刻；虽然他没有太多的言语，但他的脑子里全是智慧；虽然他只会讲一门语言，但是他懂每一句话所传达的意义；虽然他的口才没有别的孩子好，但他的办事能力却比他们强得多。

在他那里，所有的成规或者习俗都是不存在的。他绝不会让昨天的行为影响到今天的选择；他绝不墨守成规，绝不屈服于权威，绝不迷信榜样；他所做的每一件事、说的每一句话都是出于自己的兴趣。

所以，你不会从他嘴里听到一句过时的话语，也不会看到他去模仿别人的行为。他说出的话都是他的真实想法，他做出的事都是他本人的心意。

他的身上拥有一些道德观念，但这些观念和成人世界里的是不一样的，而是与他目前的状况有关，因为他还没有真正融入社会生活中去。

所以，即便他能听懂你所讲的那些自由、契约或者财产的概念，却听不懂权利和义务到底是怎么回事。

如果你用命令的口吻让他去做某件事情，他多半会对你不理不睬。不过，如果你对他说："请你帮我个忙吧，等下次你需要的时候我也会帮你的。"听到你这样说，他立刻就会按你的吩咐去做了。

当他需要帮助的时候，他会向他遇到的第一个人求助，不管这个人是谁，拥有怎样的地位。国王也好，仆人也罢，所有人在他眼中都是平等的，没有高低贵贱之分。

从他对你说话的态度中，你就可以感觉到，他的话里没有命令的成分，他知道你并不屈从于他，也不亏欠他。他很清楚地知道自己此时是在寻求帮助，而且也知道你出于好心肯定会向他伸出援手。

他用简答几句话表明了自己的请求，从他的眼神、声音和表情中可以判断出他早已经做好了迎接任何一种结果的准备，无论你答应他还是拒绝他，他都能坦然接受。他的这种表现说明，他既不去支配别人，也不受别人的支配。

如果你帮他，他不会向你表达谢意，反而会觉得自己亏欠了你；如果你不帮助他，他也不会反复要求或者大喊大叫，只会说一句："这怎么可能呢？"

一旦发现自己有某种需要，他绝不会回避。有些需要是伴随着出生就出现的，他从落地那天起就受到需要的束缚，不过现在他已经习惯了，对什么都能应付自如。

对他而言，游戏和工作没有明显的界线，游戏就是他的工作，他的工作就是游戏，他不觉得这两者之间有什么差异。

他的所有行为都生动有趣，给人带来无限的欢声笑语。只要观察一下他的行为，我们就可以看出他的心智是不是灵活，知识面是不是广。

一个眼睛泛着灵光、表情沉着冷静、脸上带着笑容的漂亮孩子在那里专心地做着事情或者开心地嬉戏玩耍，这会是一幅多么令人心旷神怡的画面啊！

爱弥儿 12 岁的时候虽然还是个孩子，但他已经有成熟男人的魅力了，可他的这种完美状态并不是以牺牲童年的快乐为代价的。

在他身上，完美和快乐不但不冲突，反而是齐头并进的。他拥有了这个年纪的孩子应该具备的智慧，同时也充分享受到了大自然所赋予他的自由。

如果发生了意外，爱弥儿受到了致命的伤害，我寄托在他身上的所有希望全都幻灭了，我也不会因为他的离世而悲痛欲绝，更不会因为曾经给他带来痛苦而懊悔。

我会问心无愧地对自己说："虽然他的生命很短暂，但他却度过了一个美好的童年。大自然赋予他的一切东西他都享受到了，我一件都没有夺去。"

第三卷

少年期（12 ~ 15 岁）

一、特别的"童年第三阶段"

在走向青年的过程中，儿童的生命一直都很柔弱，但这时候，他的体力足以满足他的需要，所以在一定程度上，他已经可以称得上是很强壮了。他的需要还没有被完全挖掘出来，所以他的体力就显得有些多余。

当然，他的体力比不上成年人，但相对于以前，他变得有力气多了。在童年的第三个阶段，由于孩子还没有足够的能力表达自己，所以我仍将他称为儿童。尽管孩子已经像个青年人了，但从生命的发展来看，他还没有进入青春期。

爱弥儿12岁了，他的体力增长超出了他成长的需要，但他自己还没有感觉到这些体力用来做什么，然而作为一个12岁的孩子，他的器官发育还不成熟，好像这种状态需要他的意志力的强迫才能脱离出来。空气和气候对他造成了伤害，可他对这种伤害毫不在意。

他的体温就像衣服一样温暖着他；在这个成长的年纪，任何有营养的食物都能让他胃口大开；他不需要床，累的时候席地而睡；他发现，到处都有他需要的东西；他的全部欲望就是他的双手所能触及的东西，这样的状况也只有这样的人生的这个阶段才能如此。

这样短暂的时光在人生中只有这一次，这唯一的时光也是最美的时光，而一旦想到利用好这段时光是件非常重要的事，你就越发觉得它短暂了。这段时光是工作、教育和学习的时光，这是由大自然的指示决定的，而非我随意的选择。

生命是无限的，而人的智慧是有限的，一个人不能了解所有的事情，甚至连周围的人认为很普通的事都无法完全理解。

　　和每一个真理相对的都是一个谬论，所以有多少真理就有多少谬误。况且我们所能获取到的所有知识并不一定完全是真的或有用的，有些知识只是拥有它的人炫耀的资本，所以对于教学内容和教学时间，我们都要进行适当的选择。

　　真正有益的能帮助我们获得幸福的知识是有限的，聪明的人会有选择地去追求这些有用的知识，这也是孩子们应该去追寻的东西，但孩子们不知道。

　　我们的任务就是引导他们去追求这样的知识，让他们成为聪明的人。总而言之，最重要的是孩子们学到的知识是有用处的，而不是学了多少知识，以及哪个方面的知识。

　　在这有限的、有用的知识中，有一些必须要抛弃。

　　比如，有些知识非常难懂，必须具有很强的理解力才能明白；又比如，人的关系非常复杂，以孩子的智商和阅历是根本不可能理解的；还有一些本身真实，但容易引起人们产生不正确想法的东西，这些知识都不适合用来教育孩子。

　　这样一来，我们所能拿来教育孩子的知识就非常有限了，而且大多是和当下事物关系密切的。尽管如此，这些在成人看来有限的知识对于孩子来说却足够多了。人类的理性就是如此，它如深渊一样深不可测，但没有一个人有胆量去揭示这一切。

　　那些华而不实的学科就像陷阱一样遍布在这个孩子成长的路上，而你是这条危险重重的成长之路上引领他前行的人，你不要慌忙，遮挡住孩子视线的大自然的帷幕需要你亲手为他揭开。

　　你必须让你的头脑和思维保持清醒，同时要让孩子的头脑和思维和你一样清醒。你要当心谎言把你误导，要当心骄傲的情绪把你的心迷惑住。你要时刻记住，无知对一个人来说不是最有害的，最糟糕的是你获取的是错误的知识。

　　要知道，诱使一个人步入迷途的不是无知，而是他不知道自己无知。

　　到现在为止，我们所知道的法则都是我们所需要的，而其他的法则对我们是没有用处的。接下来，我们要说的是怎样把获取的这些知识应用到实践中，之后我们还会说到怎样才能正确、合适地去应用。

刺激人的不同官能的可能是同一种本能。当人的身体的力量达到一定程度的时候，它也会把人精神的活力带动起来。

起初，孩子们只是身体比较好动，而渐渐地，这种身体的好动会把孩子的好奇心激发出来，而成人要做的就是引导这种好奇心，把它变成这个年龄段孩子对知识的渴望，从而形成一种内在的动力去探索。

哪些倾向是孩子在转变过程中自然形成的，哪些倾向是由于偏见引发的，这两点我们必须区分清楚。有些人是出于想得到别人的尊敬和羡慕而想成为一名学者，而有些人则完全是出于对现在或者将来可能和他产生关系的事物的关心而产生的好奇心。

好奇心的第一本源是欲望，寻求幸福是人天生的欲望，而人的欲望又不是轻而易举就能满足的。因此，人们都在不断地寻求各种方法来满足不断增长的欲望，这就是好奇心的本源，这个本源在人内心的产生是一个自然的过程，而它的发展却并非如此。

人的欲望越强，获取的知识就越多越快，因此欲望的发展和人的知识、欲望成正比。

举个例子，如果一位科学家带着他的研究仪器和书籍到一个荒无人烟的岛上，并且他决意要在这个岛上度过一生，不再离开，那他还会费尽心思去研究万有引力、时间旅行、天体运动之类的东西吗？

也许连他带到岛上的书籍他都不会多看一眼。不过还有另一种可能，不管那个小岛有多荒凉广阔，他都会想要走遍小岛看看它的面貌，甚至犄角旮旯儿都要走一走，这种欲望人人都会有，并且是无法遏制的。

二、教会孩子阅读"世界"这本书

对于浩瀚的宇宙来说，地球就是一个小岛——一个人类之岛，而在地球上最引人注目的就是头上的太阳，一旦我们的关注点离开了自身，我们就会对地球及宇宙产生兴趣。

也许有人会说："这跨度也太大了吧！"刚刚我们所关注的还仅仅是我们周围存在的东西，而且这些东西都和我们自身密切相关，怎么现在突然把关注点转向了探索地球，甚至整个宇宙？

其实，这种突然的变化就是我们体力的增强和思想的发展所带来的。当我们自身的力量不足时，我们的关注点集中于怎样保护自己，让生命延续下去，而一旦身体的力量增强，生存对我们来说不成问题时，我们的欲望就会转向扩展生命的维度，去探索更多未知的可能。

不过此时的欲望仅仅是欲望，我们还没有足够的知识，因此我们的思想只停留在我们的眼时所能看到、双手所能触及的界限，而我们的理性也被束缚在这界限之内。

我们要通过感觉让我们的思想运动起来，把感觉转变成观念，但是感觉的对象和思想的对象之间要有一个过渡。

感觉是我们最初的思想活动的导向，这个时候对于我们来说，世界是书本，而且是唯一的书本，而事实是唯一的教训。

我们看到那些孩子在读书，但这并不等同于他们在运用思想，他们只知道在"读"，但"读"只是一个动作，他们的思维并不一定在随着文句运动。他们只是在学文句，而不是在接受教育。

要唤起学生的好奇心，就要鼓励他们去观察大自然中各种各样的现象，不久之后你就会发现这个办法卓有成效。

越是得不到满足，学生的好奇心就会越强。你只需要提出问题，让学生自己去寻找答案，他所获得的一切知识不是由你口头传授的，而是由他自己探索得来的。要让他自己去探索发现，而不是你一点一滴地去教。

在学习的过程中，占主导地位的是学生的理性，而不是你的权威，一旦你的权威压过了他的理性，他将失去自己的见解。

比如说，你教一个孩子学地理，给他拿来地图、地球仪之类的辅助工具，希望这些设备能帮助孩子更好地学习。

但请想一想，你为什么不让他先看看实物，而要让他看这些代表实物的东西呢？在开始学习地理的时候，你应该首先让学生清楚直观地了解你要教给他的是什么，所以不如让他看实物。

在一个宁静的傍晚，我和爱弥儿来到一个风景优美的地方。在那里，我们一边散步，一边欣赏日落，辽阔的地平线上太阳在缓缓落下，周围的景物在夕阳的照耀下格外美丽，这给我们留下了深刻的印象。

第二天日出之前，我们又来到了这个地方，清晨清新的空气让人精神振奋，太阳依然隐藏在地平线以下，但是它放射的数万道光芒却已经像火焰一样燃烧着半边天，而且这火光越来越强……

太阳好像突然一下子蹿出了地平线，弥漫在天空的黑暗被这光芒燃烧殆尽，那种景象让人惊叹不已。经过一夜的沉寂，从黑暗中重新显现出来的绿茵更加诱人，在新日的照耀下，闪耀着金色的光芒。

林中的鸟儿欢快地唱着，迎接新一天的到来。在这样清新、美丽的景色中，一种从心灵深处发出的透彻和愉悦游遍全身，这种感觉让人沉迷。仅仅半个小时，所见所感足以涤荡我们的灵魂。

这种感觉会让人兴奋不已，很多老师会急于把这种感觉通过语言传达给学生，用自己的描述去唤起学生对他这种感受的认识。他以为这样就能让学生和他产生共鸣，以为唤起他情感触动的景物也能触动学生的情感，这种想法简直愚蠢得无可救药！

人们看到自然万物，并将对它的感受存在心中。要想去理解万物，首先要对万物有所感受。的确，孩子们是在"看"各种景色，但他看到的只是它们的外表，并不理解自然万物之间的内在联系。他们听到了各种自然的声音，但他们听不出这些声音之间存在的美妙关系。

他们需要一种到目前为止还没有过的经验和从来没有经历过的感情，只有获得了这些，他们才能把握对自然的综合感受。

如果一个人没有在荒芜的原野上奔跑过，没有被滚烫的沙粒烫伤过双脚，从来没有呼吸过烈日炙烤下令人窒息的空气，他又如何能感受到清晨空气的清新和美妙呢？

花儿再美，草儿再嫩，露珠再晶莹，沙滩再柔软，他又如何能感受到呢？如果他还没有遇到美妙的爱情，清晨鸟儿的歌唱又怎能让他沉醉？

由此看来，你要在适当的时候带他去看一些东西。在独自观察的过程中，如果你发现他萌生了好奇心，这时候你可以先向他提出一些简单的问题，让他自己带着问题继续观察，自己去寻找答案。

就拿刚才我们列举的看日出的例子来说吧。和他一起看完日出之后，你可以引导他去注意日出的地方的山脉以及附近的景物，并且让他说说都看到了什么，然后让他回忆头一天日落时看到的景象。

然后，你继续问他："你看，昨天太阳在那个地方落下去，今天却从这个地方升起来，这究竟是怎么回事呢？"

你的话点到为止，无须多言，即便他再向你提问，你也无须回答，甚至可以把话题岔开。你要把问题留给他自己去思考和探究，别担心，他肯定会去追究的，这就是人的好奇心。

为了让孩子对真理完全信服，就要让他通过自身的感受来获得这个真理，而获得真理的过程不能太快，应该给他充足的时间去体验和领悟，把来龙去脉弄清楚。

如果他仍然不能自行领悟出问题的答案，你可以采取一个更为简单的办法：把问题颠倒过来向他提问。

如果他不能明白太阳从落下到重新升起的轨迹，那他至少清楚太阳从升起到落下的轨迹，因为这是他用眼睛就能看到的。如果你的学生不是愚蠢得无可救药，这个推论他还是能够自己得出的。

这样，关于宇宙学的第一课有了一个好的开始。在这之后，我们还需要一个漫长的过程才能给学生讲到太阳的运行规律以及地球的形状，因为从一个感觉到的观念到另一个感觉到的观念的转移一个慢慢运行的过程。

我们总是花很长的时间去思考同一个观念，而且我们不能强迫学生去关注那些东西。

不过，宇宙中天体的运行都遵循同样的原理和规律，第一课对日出、日落的观察对学生以后的观察是非常有帮助的。

同理解日夜更替的原理相比，理解地球自转和日食、月食的规律要困难得多。尽管后者花费的时间要多，但要付出的努力相对要少一些。

究竟该用分析的方法还是综合的方法来进行科学研究？关于这个问题，人们的分歧很大。但是，两者之间我们并非要只选其一，在研究同一个课题时，我们可以用分析的方法，也可以用综合的方法。

把这些方法应用到教育中的话，我们可以这样做：当孩子觉得应当用分析的方法时，作为老师就要用综合的方法去指导他。

这样做的好处就是同时采用两种方法进行研究，可以互相验证研究结果。用不同的方法得出相同的结论，这会给学生们带来惊喜。

举个例子吧，在进行地理教学时，我会从测量我们的教室和住所开始，延伸到地理大发现和对地球各个部分的测量。当孩子们把关注的焦点集中于广阔的太空时，我会把他们带回地球，让他们来关注所生活的大地，因为越是熟悉的地方对他们的吸引力也就越大。

他在地理课上提到的两个地点，一个是他住的那个小镇，另一个是他爸爸在乡间的别墅。然后是这两个地点之间以及附近的田野、河流，最后才是太阳的位置，以用来辨别方向。最后一点才是所有事物的汇合点。

他完全可以自己绘制一张非常简单的地图，先画好两个地点，然后按照他对这两个地点之间及附近事物的了解估算出距离，再一步一步地把那些地方添加到地图上。等这些都完成之后你就会发现，让孩子把自己的眼睛作为罗盘去实践，这其中的益处超乎你的想象。

当然，我们不能完全让孩子自己去摸索，在有些情况下我们要对他加以指导，但指导不能太多，最好不要让他察觉出来。如果他错了就让他错下去，无须纠正，也无须说什么，直到他自己意识到错误，然后自己去改正。

如果非要给他提示的话，也不要非常明确地指出来，你可以为他设计一个情境，让他自己去察觉错误。如果一个人从来不犯错，他就永远不知道什么是正确的，更学不会用正确的方法去学习。

不管在何种情况下，最重要的不是他学习了哪些知识，而是他学会了如何去获取知识。

学了地理之后，他的头脑中有没有关于地图的完整而清晰的印象并不重要，重要的是他能够了解地图上的符号和图案都代表了什么，同时还要让他掌握地图的制作方法，这才是我们要达到的目的。

你教的学生只会看地图，而我教出的学生却能自己画地图，这就是两种不同的教育方法所取得的不同结果。

正所谓授之以鱼不如授之以渔，我教育学生的基本原则不是要教给学生多少知识，而是要让他所学的东西在他头脑中形成清晰的观念，学会学习的方法。

我需要做的是把真理灌输进他的头脑，把他在学习中可能会形成的错误的观念拒之门外，即使他什么都不知道也没关系，只要他在思考，思考的方法是正确的就行。

人的理性和判断力的发展需要一个过程，而偏见的滋生却是轻而易举的，所以我们必须要加以防范。但是学海无涯，如果你从科学的角度来审视科学本身，你就会发现这一点，你永远也到达不了科学的岸边。

我们还发现另外一个现象，就是有些人沉迷于知识的美妙，被知识引诱着，一门接着一门地学习，一刻也不停息。

他们就像在海边捡拾贝壳的孩子，一看到那么多贝壳就兴奋不已，于是一个劲儿地捡拾，可当他们看到有其他更漂亮的贝壳时又不由自主地丢下手里的贝壳，去捡拾其他的。他在海边不停地拾贝壳，可最终却两手空空，因为他不知道该如何选择最喜欢的贝壳。

人在幼年时有大量的闲暇时间，我们需要用各种方式来填充这些时间，防止它被滥用。然而现在的情况却是这样：孩子们没有充分的时间来做对他们成长有利的事情。

我们要明白的是，孩子的欲望开始显现，当欲望到来时，他们的注意力就会集中于此而不会再顾及其他。

理性带给人的平静的时间是如此短暂，在这期间还有很多必要的事情要去做，如果有人企图在这么短暂的时间内把孩子培养成一个博学的人，我只能说，这种想法太不可救药了。

教育的目的不在于教学生多少学问，而在于激发和培养他对知识的兴趣，如果他的这种兴趣能很好地培养出来，我们就可以继续教给他研究科学的方法。显而易见，这才是好的教育的基本原则。

哲学的方法是，从普遍联系的真理的系统中演绎出所有的科学类别，并使之相继得到发展。不过我们这里说的方法不是这种，而是另外一种，和这个哲学方法完全不同，它强调的是知识的具体性。

每一个不平凡的事物都通过这种方法和另外一个事物联系在一起，并且方向朝向下一个，这也是大多数人观察事物的次序。这个有指向性的次序可以不断地激发学生的好奇心，引导他们去学习和探索。这个次序尤其适合对孩子的教育。

我教爱弥儿学习制作罗盘，并教他如何使用罗盘确定地图中的方向，从这个过程中，他可以了解这种方法程序。长时间以来，我的学生和我都对琥珀、蜡烛、玻璃之类的东西在摩擦之后出现的一些特征感到好奇。

一天，我带着学生去逛集市，我们看见一个变戏法的人在做一件非常有趣的事情。他在水盆中放了一只蜡制的鸭子，在没有外力的情况下，鸭子竟然在水中追逐一块面包。原来，变戏法的人在面包中放了一块磁石。

后来，我和学生也做了一个类似的实验，在鸭子里放上磁石，但奇怪的是，鸭子停留在水面上，一动不动，而且总是停留在南北方向。在这个实验的启发下，我带领学生动手自制了指南针和其他一些类似的东西。就这样，我们对物理的学习开始了。

按照地理学科的划分，地球分为许多自然带，每个自然带的温度不同，越是接近两极地区，季节变化就越明显。在温度的影响下，所有物体都遵循热胀冷缩的规律，液体的体积变化极为明显，尤其是酒精。我们根据这一规律制作了温度计。

风吹在脸上，由此我们可以察觉到空气是一种流动的物质，尽管我们看不见摸不着它。如果你把一只玻璃杯垂直倒立在水中，你会发现杯子里是空的，除非你侧放杯子，将杯子里的空气释放出来，否则水是不可能进入杯子的，由此可见，空气是存在阻力的。

如果你把杯子继续往水里按，你会发现杯子里的空间在变小，但是水无法取代空气的位置，由此可见，空气是可以被压缩的。

皮球里的空气被压缩的力度越大，它弹跳得就越高，由此可见，空气是有弹性的。

你躺在水中，把胳膊平伸出水面，胳膊会感觉到一种向下的拉力，由此可见，空气是有重量的。

根据生活中这些司空见惯的现象，人们制造出了气压表、虹吸管、气枪等工具。类似的实验看似简单、粗糙，但所有的静力学和流体力学的原理都是通过简单、粗糙的实验研究得来的。

但是，学生走进实验室时不需要带着那些仪器，因为这样会把科学摧毁。一方面，这些冷冰冰的仪器会让孩子们产生畏惧心理；另一方面，这些仪器会分散学生的注意力。他们的注意力应该集中指向实验的结果，而不是这些辅助工具。

我们所需要的仪器需要我们自己来制造，但我并没有打算在获得经验之前就制造这些仪器。我是这样计划的，在通过一些实验获得一些经验之后，我们会逐步制造一些仪器去证明。

可能我们的仪器做得并不十分精准，但我们会对这些仪器应该是什么样子的以及这些仪器的效果有一个明确的估计。

在第一次给学生们上静力学课时，我没有直接借助天平这个仪器，而是把一根棍子平放在椅子的靠背上，让棍子静止时达到平衡。

然后我测量了椅背两端棍子的长度，并在棍子两端放上重量不等的两件物体，之后小心地移动棍子和椅背的接触点，重新使之达到平衡状态。

通过实验我们发现，要达到平衡，就要使放在棍子两端的物体重量和它到椅背之间的距离成反比。经过这样的实验演示之后，学生们在见过天平之前就已经懂得了天平的原理，并知道怎样调整天平了。

显而易见，让学生们这样去认识事物的原理比直接拿出仪器展示和讲解要容易操作得多，印象也更加深刻。只有让他们的理性在学习中处于主导地位，他们才不会习惯性地听从权威。

这样教学的另一个好处就是能够锻炼我们发现事物之间的联系的能力，从而加深对知识的理解，进而学会制造仪器。虽然这样的研究缓慢而费力，但他的好处在于，在学生用心去探究的同时，他的双手得到了锻炼，他的身体也活跃了起来。

在实验中发明仪器，再用仪器来辅助实验，这就让我们的感官更加精确。由于有了仪器的辅助，我们的感官就清闲了，所以在精巧的仪器面前，我们的感官就会显得越发笨拙。

现在是用技能来制造工具的时代，而之前工具是技能的替代品。我们在使用大自然提供的一切基础上又多了一门制造和使用工具的技艺，因此我们的双手变得更加灵巧了。

以前，我们是用技能来代替工具，而现在，我们在用技能来制造工具。

在教育中，如果我们不让孩子去死啃书本，而是让他到工厂里劳动，那么他终将用自己双手的劳动去促进心灵和思维的成熟。这样的学生会成为科学家，而在他自己看来，可能自己是个能工巧匠而已。

我曾经提到过，纯思辨的东西不适合孩子去学习，即使是对稍大一些的孩子，比如少年期的孩子也是这样。你要做的是教他用演绎的方法把诸多实验之间的联系找出来，然后引导他对这些联系进行梳理、消化，形成自己的观念。

在需要的时候，这些观念自然会出现在他的头脑中，你完全没有必要去教他深究物理学的高深理论。如果没有这些实验的经验和他在脑海中形成的观念记忆，让他记住单个的、彼此孤立的事实和理论是很难的。

我要让学生从最普通、最明显的事物着手，去探究大自然的规律，并且让他形成一种习惯，即把看到的现象当作一种事实，而不是原因。

我用手举起一块石头，装作要把石头放置在空中，可是石头却掉了下去。做这一动作时，我发现爱弥儿在认真地看着我。

"你说，石头为什么会掉下去呢？"我问他。

没有孩子会被这样的问题难住，爱弥儿更不会。他会说，石头那么重，当然会掉下去。

"那重又是怎么回事呢？"

"因为重，它要往下掉。"他继续回答。

"如此说来，石头往下掉是因为它要往下掉啊？"

这个问题他就无法回答了，这位小科学家终于被我难住了。

这就是爱弥儿的第一节理论物理课。

三、感觉和经验是孩子真正的也是唯一的老师

随着理性的发展，一个新的问题摆在我们面前，即孩子的职业选择。等他足够了解自己了，能够自行判断哪些东西对他是有益的，哪些东西是适合他的以后，他就能将工作和游戏区分开，并且知道后者只是用来消遣的了。

这时候，我们就要让他研究一些有用的东西了，并且不能再以玩乐的心态去做，必须全身心地投入其中。

在需要法则的支配下，我们总是去做一些自己不喜欢去做的事情，这样做的目的是防止我们去做坏事。不得不说，这是一种很有远见的做法，但远见也有好有坏，它可以催生智慧，也可以衍生灾难。

当孩子已经能够预测出自己会需要些什么东西的时候，他的理性就获得了跨越性的发展。他知道了时间的价值，并且能够将时间花在有用的事情上，这里所说的"有用"是指他那个年龄段的孩子拥有的智慧所理解的有用。

不要让孩子接触那些涉及社会道德及伦理习惯的观念，因为他的大脑还不足以理解这些东西。不要让孩子做那些你认为有益的事情，而是让他去做他认为有益的事情。你让他去做他根本就理解不了的事情，你自认为很有远见，但是一切都是你的想当然。

你费尽心思地用一些对他没有丝毫用处的工具去武装他，可你却让他远离了最重要的一项装备：常识。在你的教育下，他时刻都受到别人的支配，沦为别人的工具。你希望他小的时候很听话，可等他长大之后肯定会处处遭人欺骗。

相反，如果你教给孩子一些对他那个年龄段有用的东西，肯定会让他终身受益。可你为什么非要让他学习在他的理解力之外的东西呢？这些东西对他有百害而无一利。你也许会这样说："等用到这些东西的时候再学就晚了。"

我不知道会不会晚，可我确定的是，让他那么早就学习，他根本就学不会。感觉和经验才是孩子真正的也是唯一的老师，如果不亲自去体验、去实践，孩子不可能知道哪些东西才是真正适合他的、对他有益的。

孩子知道自己迟早都要长大成人，他所理解的成人生活就是他接受教育的一切动因，至于他不理解的，我们无须讲给他听，这一原则是我一再强调的。

只要我们想方设法让孩子理解了"有用"这个词的意思，我们就可以更好地教育他了。只要他能将某个事物和自己当前的状况联系起来，并且知道自己能从这个事物中获益，他就能更加深刻地理解"有用"的概念。

"这有什么用呢？"这个问题很神圣，它将决定我和爱弥儿之间的一切交流和行动。无论他问我什么问题，我都用这句话来回应他，以此来封住他的嘴，避免他说出一些愚蠢的话。这句话是应付你的学生的最强有力的一个工具。

由于他不知道怎么回答你，所以你随时可以让他闭嘴，只要你愿意。你的状况就不同了，你可以充分利用你的经验和知识，告诉他某件东西或某件事情的用处。

需要说明的是，这一招儿不能随便乱用，如果你总是用这句话来回应他的话，他很有可能用相同的招数来对待你。你要能够确保他将来不会只要你一开口，他就跟你说一句："这有什么用呢？"

我不提倡苦口婆心地去跟孩子讲这讲那，没有人愿意听别人的长篇大论。让他们去实践！让他们去实践！我要强调多少遍你才能记住？别花太多的时间在絮叨上，要知道，用絮叨之法培育出来的肯定是絮叨之人。

如果我正在给我的学生讲太阳运行的规律及如何确定方向的时候，他突然打断我说学习这些有什么用呢？这时候，我可以滔滔不绝地大谈特谈一番，特别是当时还有别人在场。

我可以借此机会把我知道的全都讲给他听，关于旅行的好处、各地的特产、民俗的不同、立法的作用、商业的利益、农业季节的推算以及如何在茫茫的大海中辨别方向，等等。

除此之外，我还可以给他讲讲政治学、天文学、博物学，以及人类社会的法律、权利和道德，好让他对这些知识和学科有个大致的了解，并且激发他去学习这些东西的欲望。等我发表完我的讲话后，在场的人都为我的博学喝彩，就好像我是一个地道的冬烘先生一样。

可爱弥儿完全不知道我在说什么，但他不敢出声。因为他怕惹怒我，所以就假装都听懂了。这就是华而不实的教育的典型。

以上都是我的假想，爱弥儿所接受的教育都是质朴而有效的。我刚一开口，只要他没听懂我在说什么，立即就会跑去别处玩耍，剩下我自己在那里口若悬河。面对他的提问，我们要想一个简单易懂的回答。那些知识再高深莫测，可对他又有什么用呢？

当我将蒙莫朗锡镇的位置指给他看的时候，他好奇地问我："这有什么用呢？"我回答他说："你问得好，等我们有时间的时候得好好想想这个问题。如果没有用的话，我们就不做它了，可现在我们正好闲着无事可做。"

第二天吃早饭之前我带爱弥儿出去散步。我们愉快地出发了，可后来我们在树林里迷失了方向。我们又累又饿，可无论如何都找不到回家的路。爱弥儿急得哭了起来，可哭有什么用呢？

我问他："现在几点了？"

"12点，"爱弥儿看了看手表说，"我快饿死了。"

"昨天的12点我们正站在蒙莫朗锡镇观察这片树林呢。"我提醒他说。

"我记得树林是在镇子的北边，"爱弥儿兴奋地说道，"那镇子就在树林的南边了！"

"可哪边是南，哪边是北呢？"我继续引导他说。

"根据影子判断就行了。"爱弥儿说。

后来，在我的引导下，爱弥儿得出结论，只要沿着与影子相反的方向走就能到镇子上了。

回到家后爱弥儿兴奋地说："看来天文学的用处还是很大的嘛！"

四、给孩子创造天然、生动的环境

我恨透了书本。它教给我们的都是我们不能理解的东西，就没有一种可以把分散在浩瀚书海里的知识联系起来、综合起来，好让它们更条理清晰，更简单易懂，从而激发孩子的学习兴趣的方法吗？

如果我们能创造这样一种天然、生动的环境，在这个环境里，我们可以把孩子们的需要挖掘出来，并且教给他们如何去满足这种需要，那我们就可以开始训练孩子们的想象力了。

那些热心肠的哲学家，停止你们的想象力吧。我们已经找到了这种环境，所以不用麻烦你了。早有人向我们描述过这种环境的样子了，他的语言简洁而朴实，比你的描述强上百倍。

如果非要读书的话，我这里正好有一本，这本书对自然教育法进行了全面而详尽的论述。这是我让爱弥儿读的第一本书，也是唯一一本，更是不可替代的一本书。它可以作为课本来读，所有关于自然科学的论述。都不过是它的注释罢了。

它可以作为衡量一个人判断力强弱的标准，如果你的品位不是越变越低的话，你不会对这本书失去兴趣的。

这本书如此精彩，那它到底是谁写的呢？是亚里士多德还是普林尼？都不是，这本书是《鲁滨孙漂流记》，作者是丹尼尔·笛福。

在那个荒岛上，鲁滨孙孤身一人，没有人作陪，也没有任何工具，但他却奇迹般地活下来了，而且生活得很惬意。无论对于什么年龄段的人，他的人生经历都是一个值得探讨的话题，我们可以采用一些办法引起孩子对这个话题的兴趣。

　　我曾经拿荒岛做过比喻，现在它就要变成现实了。正如小说里描述的那样，这个荒岛与人类的社会环境不同，与爱弥儿生活的环境也不同。但是，它可以引发我们对于其他类型的环境的思考。

　　我们要摒弃各种世俗的或个人的偏见，在充分把握事物的本来面目的基础上做出自己的判断。最好的办法就是像鲁滨孙那样，打断自己与外界的联系，把握事物的真正用途，从而做出自己的评价。

　　除了那些叙述性文字之外，这本小说从鲁滨孙遭遇船难沦落到一个荒岛上开始，以鲁滨孙乘坐一只船离开这个荒岛结束。对于正处在这个年龄段的爱弥儿来说，这个故事不仅可以消磨时光，还可以从中受到教育。

　　我希望他终日都不得闲，用心去整理他的楼阁，管理他的羊群，照料他的作物；我希望他所有的经验都来自实践而不是书本；我希望他所做的一切事情都能让他受益。

　　我希望他能把自己想象成鲁滨孙，身上披着一张兽皮，腰里别着一把大刀，头上戴着一顶大帽子，浑身上下都是稀奇古怪的装饰品，还有那把破雨伞，就算晴天也要把它带在身边。

　　我希望他在找不到某样急需的东西的时候不要慌了神，而是静下心来寻找解决问题的途径；我希望他能专心想一想鲁滨孙有什么做得不周到的地方，或者怎样才能把事情做得更好。

　　你可以想象，到时候他为自己修建了一座和鲁滨孙的房子一样的房子。对他来说，这简直就是一座空中楼阁，他所有的快乐都源于那里。对他这个年龄段的孩子来说，拥有自由和生活必需品就是最大的幸福了。

　　如果你是一个有心人，并且知道怎样唤醒孩子的心灵激发孩子的想象力的话，那你就你可以从这个故事中挖掘出很多教育方法。能有一座专属于自己的荒岛来存放自己的小玩意儿是每一个孩子的愿望，他想学习的心情甚至比老师想教他们的心情还要强。

凡是有助于他尽快达成愿望的知识他都想学，这时候，你非但不用去督促他，反而还要想办法遏制他的欲望。

　　趁他还对这个荒岛心存向往的时候，你要让他赶紧在那里定居下来，因为说不定哪天他就突然对那里的孤单心生厌倦了，就算有"星期五"陪在他身边，仍然满足不了他的需要。

五、身体的锻炼和思想的提升要齐头并进

自然技术的发展必然导致工业技术的出现。前一种技术由单个人或者野蛮人就可以操作，后一种技术需要多人合作才能发挥作用，它诞生于社会之中，反过来又促进了社会的发展。

最初的时候，人类所有的需要都源于自己的身体，所以人们都能自行满足自己的需要。随着物质资料的越来越丰富，人类拥有的东西超过了他们的需求，这时候，劳动的合作和分工就出现了。

凡是与社会关系相关的概念都远远超出了孩子们的理解范围，所以你要想方设法让他远离这些概念。

由于所有的知识之间都有内在的联系，当你避免不了向孩子讲述人与人之间互相依赖的关系时，切忌向他灌输与道德有关的东西，最好是将他的注意力吸引到人与人之间存在互助关系的工业和机械技术上。

你带他到各个工场去参观，这时候，你的角色绝不是一个旁观者，除非他弄清楚了自己所看到的景象是怎么回事，否则你就不能带他离开工场。

你要以身作则，亲自参加不同的工作，给他树立学习的榜样。为了配合他更快地学到知识，你要甘心做他的徒弟。要知道，与其让他费劲地背诵一天你所讲的道理，还不如亲自工作一小时让他受益。

一种技术的价值的大小和他的有用程度是成反比的，那些用途最大的技术反而最廉价。因为这种技术是人们的生活所必需的，所以它们的价格不能过高，否则穷人就买不起它们了。

而那些所谓的艺术家由于他们的工作是为了给有钱又有闲的富人

提供一些小摆设，所以他们可以随意给自己的作品定价。

我觉得，我们应该根据技术的有用程度来评估它们的价值。有的技术必须借助于别人的帮助才能操作，而有的技术必须依赖于别的技术才能进行。我认为，前一种技术比后一种技术更应该受到尊重。

如果把所有技术的价值进行排列，我会把农业放在第一位，其次是炼铁，最后是木工。我相信，一个孩子只要没有被世俗的偏见感染，他一定会赞同我的说法。由于爱弥儿有过与《鲁滨孙漂流记》的情节类似的经历，所以他肯定也会做出和我一样的排位。

从少年时期开始，我们就已经凭借自己过剩的体力游历过很远的地方，我们探索过天空的奥秘，丈量过大地的面积，将自然的法则铭记于心。总之，我们遍览了整个地球，现在我们又回到了出发的地方。

我们这样做的目的是什么呢？那就是把这些知识运用到生活中去，从而让自己过得更加幸福。

迄今为止，人类制造出了无数种工具，但我们却不知道哪一种对自己有用。或许，我们用不到的工具却可以为别人的工作提供便利；又或许，我们必须借助于别人的工具才能达成自己的目的。这样，交换就有了必要。

和别人交换之前，我们必须首先了解自己的需要，以及自己能满足别人什么需要。

假定有 10 个人，每个人都有 10 种需要，而每个人都必须从事 10 份工作来满足自己所有的需要。

可是，由于人与人的天资和能力是不同的，所以哪怕一个人很有能力，他也不可能同时把 10 份工作都做好。如此一来，如果每个人都做 10 份工作，那这 10 个人的需要都得不到满足。

如果这 10 个人聚集起来，组成一个社会，每个人都为其他 9 个人做自己最擅长的那份工作的话，那么一个人只要做一份工作，这 10 个人的需要就都能得到满足。

除此之外，由于长期从事一项工作，这个人的技术也会越来越熟练，时间长了，他就能在满足自己的需要之外生产出多余的东西来供给其他人。这就是一切社会制度的根基所在。

就这样，孩子的头脑中初步具有了社会关系的概念，甚至在他能够积极地参与到社会活动之前他就掌握了这个概念。

爱弥儿很快就发现，如果他想从别人手中得到自己所需要的东西，他必须跟别人进行交换。让他认识到交换的必要是一件很简单的事情，只要知道了交换的重要性，他就知道该怎样去满足自己的需要了。

当爱弥儿有了对生命的认识之后，我做的第一件事情就是教他怎样维持生命。讲了这么多，我一直没有说过如何区分财产、职业以及等级这些概念，我现在不说，而且以后也没打算说。

因为人与人都是平等的。与穷人相比，富人的胃不一定更好更健康；与仆人相比，主人的胳膊不一定更长更强壮；与普通人相比，伟大的人也不一定更"大"。

在自然面前，所有人的需要都是一样的，而且满足需要的手段也没有多大差别。我们要因材施教，找到符合他的特性的教育方法，如果我们只培养他适应这一种环境的能力，就在无形中剥夺了他适应其他环境的能力。这是多么显而易见的道理，难道你还不明白吗？

你无比虔诚地仰赖着现有的社会秩序，可你却不知道它迟早会有被推翻的一天，而且对于将会影响你的孩子的命运的革命，你根本就没有预测和阻止它发生的能力。

贵族将沦为平民，富人将沦为穷人，国王将沦为臣子，命运的打击势不可挡，你根本就无力应对。我们的时代里处处潜伏着危机，欧洲的君主制马上就要走到尽头，革命就要来临。

没有人能够预料会发生些什么事情。凡是人类制造出来的东西，必将毁于人类之手。只有出自自然之手的东西才能永存，而自然从来就不生产什么国王、贵族和富翁。

那个大官，只从当年所受的教育中学会了如何去享受奢华的生活，可万一将来沦落街头了他该怎样活下去呢？

那个税吏，他终日过着挥金如土的日子，可花光了所有的积蓄之后他该怎样活下去呢？

还有那个徒有其表、不学无术的蠢货，他只有靠别人的接济才能维持生活，可万一哪天他的靠山没了他该怎样活下去呢？

一个敢于在自己的地位发生变化的时候果断抽身走人，离命运的束缚而重新来过的人才是最幸福的。如果一个孩子成长为一个对其他人毫无用处的人，那是他父亲的罪过。你也许会这样说，虽然他不能养活自己，但是他父亲把自己用辛勤劳动换来的财产全都传给了他。

一个自己不去挣钱而坐在家里啃老本的人，跟小偷无异；一个一事无成而靠政府的救济而生活的人，跟劫匪无异。

如果一个人生活在与世隔绝的环境中，他就可以逃避那些义务的束缚，按照自己的意愿去生活。可如果他生活在社会之中，就不可能脱离了对他人的依赖而独自过活，他应该用自己的劳动来偿付别人支付他的生活费用，所有人都是如此，无一例外。

作为社会中的成员，劳动是每个人必须履行的义务。任何一个公民，穷人也好，富人也罢，只要他不劳动，必然遭到别人的唾弃。

手工劳动是人类所有的谋生手段中最接近自然状态的一种，而手工业者则是最不容易受到命运和他人影响的一类人。相对于农民，手工业者的境遇要好得多。因为手工业者至少是个自由人，而农民必须有土地才能进行生产，而且他的劳动成果也不属于他自己。

不过，农业是所有职业中最有价值、最高贵、最受人尊敬的一种。

我没有必要跟爱弥儿说："学点儿农业知识吧。"因为他对所有的农活儿都不陌生。他最初的劳动就是庄稼活儿，而且他会将庄稼活儿一直干下去。

所以，我要告诉他的是："好好耕种祖上留给你的土地吧。可如果你没有土地或者由于某种原因失去了它的话，那就学习一门手艺吧。"

对于爱弥儿来说，学习一门手艺不是很必要的事情。什么是手艺？无非就是用手做的活儿而已，是一种机械性的操作能力。

我还能要他学什么呢？几乎什么都难不倒他：铲子、铁锹、车床、刨子、锤子、锉刀，这些手艺活儿所需的工具他样样都会。相对于一位优秀的工人，他的不足只是操作的速度和熟练程度而已。

但是，他也有他们没有的长处：他的身体强壮，手脚灵活，精通各种机械的原理，而且受过专业的培训。他欠缺的只是经验，但是经验可以从实践中获得，这只是个时间问题。

综合各方面的因素，根据爱弥儿的兴趣和我个人的偏好，我觉得最适合他的职业是木工。这份工作很干净，很实用，而且不用去户外活动。它既能让爱弥儿活动自己的肢体，又能训练他的技巧；在做出实用的东西的同时也能培养他优雅的品位和气质。

遗憾的是，我们不能将所有的时间都花在学做木工活儿上，更重要的是学会做人。要想学会做人，我们就必须去当学徒。要知道，当学徒的生活比学做活儿的生活苦得多也长得多。

因此，我建议每周都要抽出一到两天时间去师傅家里学习。我们和师傅一起起床，一起吃饭，一起工作，他让我们做什么我们就做什么。

有幸的话，我们还可以跟师傅的家人共进一顿晚餐，吃过饭后，我们可以留下来，或者回到自己的家里躺在自己硬硬的床板上睡上一觉。

同时学会几种不同的工作，并且在学做活儿的同时也不耽误其他方面的学习，这或许是最好的办法了。

讲到这里，如果大家已经明白了我的意思的话，就不难想象我是怎样让我的学生在学习手艺的同时锻炼身体，并且养成独立思考问题的能力了。

我要让我的学生像农民那样勤劳，像哲学家那样深刻，唯有如此，他才不至于像那些好吃懒做的人那样浑浑噩噩地过日子。

这就是教育的最大秘诀：身体的锻炼和思想的提升要齐头并进。

六、爱弥儿 15 岁了：培养孩子独立的判断力

爱弥儿将要走出童年，开始过独立的生活了。这时候，他越来越感觉到依赖外物的必要了。他的身体和感官在得到锻炼的同时，他的思想和判断力也得到了提升。他四肢的运动和头脑的运动是并行不悖的，他终将成长为一个行动力和思考力都很强的人。

为了让他更加趋近完美，我还要再做一件事情，那就是增强他的亲和力，让他变得更加平易近人，也就是说，用情感来完善他的理性。在开始新的论述之前，让我们先回顾一下他刚刚走过的路，看看他现在正处于怎样的情境之中吧。

起初的时候，我的学生只有感觉，他只能凭感官去了解周围的事物，现在他已经具备一些观念，而且具有独立的判断力了。

观念是一种混合的或复合的感觉，它是经过长期感觉训练以及对先后出现的或者同时出现的感觉的比较后形成的。观念之所以能够赋予人的心灵以特性，正是因为它的这种特殊的形成方式。

健全的心灵能够按照事物之间真正的关系形成观念，因而是有条理的；而肤浅的心灵则只能看到事物之间最表层的关系，因而是混乱的。

所谓疯子，就是那些捏造出无论是在真正意义上还是表层上都不存在的关系的人；所谓愚人，就是那些不会对关系进行比较的人。

评断智力高低的标准是看一个人将不同的观念进行对比以及发现不同关系的能力的大小。

根据感觉所做出的判断都是不可靠的，因为我们只能感觉到事物的表面，而根据观念和知觉做出的判断则是可靠的，因为我们要将观念和知觉进行对比，并且考虑事物之间的关系。

　　我们的判断会出差错，但感觉不会。当一个男孩说手里的冰激凌烫到他的时候，他对冷热的感觉没有错，错的只是他对冷热的判断。

　　当我们第一次照镜子的时候，在不同的季节进入冰窖的时候，把冰冷的手或者温热的手放进热水里的时候都有可能做出错误的判断。静止的不是月亮而是飘过月亮的云，插在水里的棍子是折断的，这些错觉都是源于我们错误的判断。

　　可在现实生活中我们不得不对事物做出判断，或者依赖需要我们做出判断的事物，所以我们就要学习如何运用理性做出正确的判断。

　　你也许会批评我，说我没有按自然的意志行事，因为我要训练爱弥儿的判断力。这样说你就错了。大自然选择和利用哪种工具依据的是人的需要而不是人的偏见，而人的需要并不是固定不变的，而是随着环境的变化而变化的。

　　一个生活在自然状态中的人和一个生活在社会状态中的人是截然不同的。爱弥儿不是一个生活在原始环境里的野蛮人，而是一个生活在城市里的文明人。

　　他需要适应城市里的生活，学会和他人相处，并和他们融为一体。虽然他不一定要像他们那样生活，但他一定要和他们生活在一起。

　　最行之有效的提高判断力的方法就是尽可能地将我们的感觉简单化。

　　我在之前提到过，我们要学会用一种感官的印象去印证另一种感官的印象，现在我要再加上一点，我们还要学会在不借助其他感官的情况下，让一种感官的印象进行自我印证。

　　如此一来，每一种感觉就都可以形成一种观念了，并且这样形成的观念也更接近事物的本来面目。

　　如果孩子能在童年的第三阶段学会这些东西，他就算完成了他的学习任务了。

　　这就要求老师们在教学的过程中多些耐心，否则的话就很难提高学生的判断力。可事实上，很多老师都做不到这一点。

　　就拿插在水里的棍子来说，学生看到后立即就做出判断，说这根棍子是断的。这时候，如果你为了纠正他急忙把棍子从水里拿出来，可如此一来，除了知道自己错了以外，他还能学到什么呢？

他当然什么也学不到，如果没有你的话，他自己也会把棍子从水里拿出来，然后看到这个结果。重要的不是告诉他这个结果，而是让他知道这个结果是如何得出的。

爱弥儿的知识量不是很大，但是他所有的知识都是他自己的，而且都理解得很深刻。

在爱弥儿本来就不多的知识储备中，有一个最重要的，那就是他清楚地知道有多少东西是他现在不懂但将来能懂的，有多少东西是他永远不可能弄懂但别人能懂的，又有多少东西是任何人都弄不懂的。

无论什么事物、什么事情，爱弥儿都不排斥，这不是因为他懂得很多知识，而是因为他有很强的学习能力。他心胸开阔、头脑聪明，而且能够随机应变。正如蒙田说的那样，他虽然称不上学识渊博，但至少他知道如何去学习。

只要爱弥儿知道自己做某件事情的意义，并且知道自己相信某件事情的原因，我就别无所求了。我再重申一遍，我的目的不是让爱弥儿掌握多少知识，而是让他在紧急情况下或者急需的时候能够自行学到知识以及知道如何去评价知识的价值。

我要让他爱真理胜过爱一切。这样的教育方法虽然见效很慢，但绝不会有坏的影响，而且只要一步步地进行下去，就一定能够见到成效。

爱弥儿所学的知识只涉及自然和物理，至于历史，他听都没听过，而形而上学或者伦理学他更不知道是什么东西。

爱弥儿懂得一些人和事物之间的基本关系，而涉及人与人之间的道德的东西，他一概不知。他的头脑没有所谓的观念，更不具备抽象思维。

他能发现事物与事物之间有哪些共同的性质，但却无法理解中这些性质本身。几何图像和代数符号构成了他抽象思考的基础，前者可以帮助他了解抽象的空间，后者可以帮助他了解抽象的数字。同时，这两者也是他的感官得以发生作用的基础。

他认识事物的目的不是为了探究这个事物本身，而是出于自己的兴趣。对于周围的任何东西，他只根据自己的兴趣去判断和它们的关系，但是这种关系是很可靠的，中间没有掺杂任何偏见或妄念。

他做任何事情都坚持实用原则，只关注对他有用的东西，这样一来，他的选择就不会受到太多客观因素的干扰。

爱弥儿为人友善，不怕苦，不怕累，做事有耐心、有恒心，而且不惧怕任何东西。他还没有足够的想象力，所以不会夸大他遇到的任何危险，做什么事情都能勇往直前。即便遭受了苦难，他也能够泰然处之，因为他还不懂得与命运抗争。

至于死亡，他更不知道是什么东西，他只知道按自然的法则生活，凡是自然安排的，他都不反对，所以，当死亡成为不可避免的事实的时候，他也没有丝毫恐惧。无忧无虑地生活，不对世间的事物有太多留恋，只有这样，我们才能坦然面对死亡。

所有的个人道德爱弥儿都已经具备了，至于社会道德，他只需要知道那是一种代表人与人之间的关系的概念就行了。他已经做好了学习这些东西的准备，迫不得已的时候，他一学即会。

他做事情只为自己考虑，同时希望别人也不要总是考虑他。他不希望别人为他做什么，同时也不想承担太多的对于别人的责任。虽然生活在人类社会里，但是他不依赖任何人，完全靠自己养活自己。

相对于他那个年龄段的人来说，他已经非常完美了，所以他更应该靠自己的能力而活。他没有沾染任何世俗的不良习惯，而且身体和思想都很健康；他的心是自由的，没有任何欲念，也没有任何偏见。

在人的欲念中，最重要的也是最自然的一个是自尊，可爱弥儿心里还没有这个概念。他不去干扰任何人，在自然法则的指引下自由自在地去生活，幸福而满足。

以这样的方式成长起来的孩子，等他 15 岁的时候，怎么能说他虚度了生命呢？

第四卷

青春期（15～20岁）

一、爱弥儿16岁了：迈进成人的世界

» 青年的开始

每个人都有两次生命，一次是为了生存，一次是为了生活；一次是为了做一个人，一次是为了做一个男人。

在还没进入青春期的时候，男孩和女孩没有多大的差别。单从外表来看，他们的面孔、肤色和声音等都相差无几，都是作为孩子存在的。通常情况下，人们不会对他们做性别上的划分，习惯把他们统称为"孩子"。

到了一定的时刻，男孩就要摆脱童年的状态了。这个时刻是由大自然规定的，而且相当短暂，就好像暴风雨前的海啸一样。但是，这个时刻又是非常重要的，等他的欲念强到一定程度的时候，这个时刻就宣告来临了。

他的性情大变，变得越来越易怒、激动、叛逆，根本就不听我的管束。他就像一头发狂的狮子一样，任何人都驯服不了它。他不再听我的话，更不会理会老师的教导。

除了性情的变化以外，他的身体状况也和以前大不一样了。他的脸变得棱角分明，下巴上的茸毛也变得又黑又粗，他已经具有了成熟男人的体格特征了。

他的声音变得低沉而浑浊，或者说他丢失了自己的声音，因为他的声音既不是孩子的，又不是大人的，而是介于两者之间的一种状态。

他的眼睛以前只是用来看东西的，现在却充满了活力，能够用来传达感情了。虽然他的眼里还略带天真，但不像以前那样茫然了。他已经学会用眼神来传达意义和自己的心情了。

他貌似什么感觉都没有，却又觉得所有的感觉都存在于自己身上。他变得越来越躁动不安，可他不知道自己为什么会这样。

这就是我所说的"人的第二次生命"，从这时候起，真正属于他自己的生活开始了，世界上所有的事物在他看来都不再新鲜。以前，我关心的只是如何让他去玩，现在我的工作才具有了真正的意义。

人们通常认为，孩子到了这个年龄段的时候，对他的教育就应该结束了。我的观点恰恰相反，我觉得对他的教育才刚刚起步。

欲念是人生存下去的动力，那些试图消灭人的欲念的人既徒劳又愚蠢。他们是在违背自然的旨意，糟蹋自然的作品。

有些人试图阻止人的欲念的产生或者干脆消灭已有的欲念，这两种做法都非常可笑。如果你认为我之前的做法是在扼杀人的欲念，实在是误会我了。

对于人类来说，自爱是唯一一种天性，而且将会伴随我们一生的欲念。它具有原始性和内在性的特点，并且先于其他的欲念产生，甚至可以说，其他欲念都是它的衍生物。按照这样的说法，说所有的欲念都是自然的产物也未尝不可。

可事实上，除了自爱，所有欲念的产生都有外因的作用，所以说这些欲念都偏离了自然，对我们没有丝毫益处。我们就这样一步步地与自然越走越远，与自己的矛盾越来越多。

对于孩子来说，他产生的第一种情感就是爱自己，第二种情感就是爱他身边的人，因为他的柔弱，所以他感觉凡是亲近他的人肯定都是为了帮助他，就这样，他逐渐培养了对同类的爱。

可随着他的需要的增多以及对别人的依赖的增强，他开始有了社会关系的概念。紧接着，各种责任和偏见侵占了他的头脑。他变得多疑、嫉妒、傲慢，并且丝毫不以欺骗他人和报复他人为耻。

自爱是一种内在的情感，只涉及我们自身，所以只要满足了自身的需要，我们就别无所求了。可虚荣心却是一种外在的情感，涉及和他人的关系，它让我们凡事都和别人比较，永远没有知足的时候。

在虚荣心的驱使下，我们想只爱自己而不关心他人，却想要求他人对我们多些关心，这根本就是不可能发生的事情。自爱让我们学会了爱别人，虚荣心则让怨恨和愤怒侵占了我们的心。

一个懂得控制自己的需求并且不和他人攀比的人一定是一个善良的人，而一个欲望太多并且总是被别人的意见左右的人一定是一个恶毒的人。

根据这个原则，我们不难得出把大人或孩子的欲念引向善或者导向恶的办法。身为社会中的人，我们不得不生活在人群之中。在种种诱惑的驱使下，要想持久保持一颗善良的心是非常困难的。

我们的需要会越来越多，这是一个不争的事实，我们要想方设法不要让自己因此走向堕落。

人总是处于一定的关系之中，对人的研究就是对这种关系的研究。当他还是个孩子的时候，他只知道自己是个肉体的存在，我们要研究他和物的关系。

随着年龄的增长，当他意识到自己也是一个精神的存在的时候，我们就要开始研究他和人的关系了。第二种研究始于目前这个阶段，并且将会贯穿他的一生。

» 欲念的发展

当人的心不再孤独的时候，人就不再是一个孤独的人了。一旦人产生了需要一个伴侣的欲念，他对同别人关系的渴望以及表达自己情感的冲动都会随之而来。伴随着这个欲念的产生，一连串的欲念全都爆发了。

从童年到青年的过渡不取决于自然秩序，而是因个体的差异或者风土人情的不同而表现出多种多样的方式。

就地域来说，生活在热带地区和生活在寒带地区的人的过渡方式迥然有异；就性格来说，热情奔放的人比含蓄内敛的人要早熟。

这些原因都是精神方面的，但人们经常误以为是物质方面的，尤其是那些哲学家，他们在这个问题上几乎都犯有同样的错误。

自然教育是用人的感官去唤醒人的想象，人的教育是用人的想象去唤醒人的感官。正常的教育方式是，先进行自然教育，然后再进行人的教育，可我们却把两者颠倒了，结果导致在感官还没有成熟的情况下就已经开始活动了。

需要强调的一点是，相对于蒙昧的人或者野蛮人来说，有教养的人或者文明人的青春期或者性成熟要来得早。

生活在文明社会里的孩子，由于受到周围环境的熏陶，他们很快就会揭穿那些端庄、正经背后的虚假与欺骗。

我们从小就教育他们，说话要有礼貌，做事要得体，为了蒙蔽他们的眼睛，我们给一切事物都蒙上了一层神秘的面纱，可这不但没有遏制他们的行为，反而还激发了他们探索的欲望。

我们越是隐藏，他们就越想知道。在我们对他们所有的教育中，这是最好的让他们主动"学习"的方式了。

经验告诉我们，这样的教育方式实在是够愚蠢的，它不仅加速了自然的进程，而且也让人的性格发生了扭曲。想想这些我们就知道为什么城市会衰退了。

孩子们将精力都浪费在这些没用的事情上，这就导致他们发育不良、身材矮小。他们还没有成长就已经衰老了，就好像在春天就已经成熟的葡萄，到了秋天就只剩下一堆残枝败叶一样。

孩子性意识出现的早晚跟个体的发展及所受的教育有关，所以我们可以通过对孩子施加影响来加速或者延迟这个时刻的到来。同样，孩子身体的发展也会受到我们的干预，所以只要我们减慢这个进度，就可以让孩子获得更多的活力和精力。

我们经常被这样一个问题困扰着，即当孩子对不适宜让他们知道的东西表现出很强的好奇心的时候，我们是直接告诉他们真相，还是找一些借口敷衍过去呢？基于上述论点，我们现在知道该怎样做了：这两种做法都不可取。

首先，如果你回答了他们，就会让他们产生更强的好奇心，而这种好奇心并不是越多越好。

其次，如果这个问题可以避免回答，那你最好不要欺骗他们，与其说谎，还不如闭嘴。

最后，如果你打定主意回答他们，那你的语言一定要简单明了，切忌长篇大论。另外，你的表情要平和淡定，千万不要让他们解读出神秘的意味。

相对于激发孩子的好奇心，满足孩子的好奇心的危害要小得多。如果你对孩子撒谎，哪怕只有一次，可如果被孩子知道了的话，他们就会觉得撒谎没什么不好，从此以后也会对你撒谎。这样一来，你所有的教育成果都会毁于一旦。

有些事情不适合让孩子知道，可万一到了不可隐瞒的时候，我们最好还是告诉他们。要么就阻止他的好奇心，要么就满足他的好奇心，否则的话，等他们到了一定的年纪就会自己去探究，这对他们有百害而无一利。

如果你没有把握让他们16岁之后再去了解两性差异的话，那就在10岁之前把这些差异告诉他们吧。

品行端正是人类最基本的道德之一，但孩子们不知道这些。通常情况下，人们在犯了罪之后才会意识到品行端正的重要性。如果我们强迫孩子端正自己的行为，这种做法无疑是在向他们灌输有关犯罪的知识。

当我们把端正或得体这些概念讲给孩子听的时候，与这些概念相反的概念，诸如可耻或龌龊等也会在无形之中进入他们的头脑，而这些东西都是我们不想让他们知道的，所以在好奇心的驱使下，他们就会自己去进行探索。

他们一定会得逞的，而且伴随着越来越强的想象力，那一发不可收拾的情感就好像熊熊的火焰一样燃烧着他们的心。一个脸会发红的人的内心必然存在犯罪的欲望，因为一个真正无邪的人无论看到什么事情都不会觉得羞耻。

要想保持孩子的天真，需要周围所有人的努力。注意，是所有人，一旦他们开始接触那些他们不该接触的东西，那我们所有的努力都会前功尽弃。

在同孩子交流的时候，我们一个神秘的微笑、一个诡异的表情或者一个不经意的动作都会激发他们的好奇心，他们会觉得我们在故意隐瞒什么，却不敢向我们提问。

说话自然大方，不矫揉造作，不遮遮掩掩，这才是真正尊重孩子的天真的交流方式，只要我们能做到这一点，就能避免孩子出现那些危险的好奇心。

"我是从哪里来的？"这几乎是每一位父母都要面对的问题，而且也是每一位父母都难以回答的问题。如果父母的回答不恰当的话，就会在孩子的心里留下阴影，而且这种阴影将会伴随他们一生。

一方面，做母亲的要避免孩子问这个问题；另一方面，如果实在避免不了的话，直截了当地告诉他别问这个问题要比随意编造个说法敷衍他要好得多。

如果我们经常在一些无关紧要的问题上不回答他的话，他就不会从我们的态度中解读出神秘的意味来。这个问题也是如此，孩子不会因为我们的拒绝回答而产生刨根问底的心思。

关于这个问题，我曾听到这样一种回答。我之所以单把这个回答拿出来讲，是因为我对它的印象太深刻了。

这个回答出自一个大方得体的母亲之口，为了孩子的利益，她全然不顾那些爱嚼舌之人的责难与嘲笑以及那些愚蠢之人的长篇大论。

她的孩子问她："妈妈，我是从哪里来的？"这位母亲毫不犹豫地告诉他："你是从妈妈的肚子里来的，妈妈生你的时候肚子可疼了，几乎要了我的命。"

只有那些傻瓜才会带着一脸的惊讶说一些揶揄的话，而真正明智的人会静下心来想一想还有没有更好的或者更合理的回答。

要保证孩子欲念的发展有一定的次序和规律，就要想方设法延长其欲念发展的时间。时间越充足，安排就越合理。需要注意的是，对孩子的欲念做出安排的应该是自然，而不是人，你唯一要做的就是保证自然的安排能顺利进行。

如果你只有一个学生的话，那你就省事多了。不过，周遭的一切都有可能刺激他的想象力，那些愚人的偏见就好像激流一样将他卷入黑洞。用情感控制想象力，用理智去战胜偏见，这是唯一解救他的办法。

感性是人的一切欲念的来源，想象力则决定着欲念是朝着善的方向还是恶的方向发展。所以，要想防止孩子变坏，首先得让他们的想象力不发生偏差。

» 首个社会情感

当孩子的所有情感都集中在自己身上的时候，我们不能用道德的标准去评价他的行为。当他把关注点移向自己之外的事物的时候，他的首个社会情感就要产生了。

紧接着，他会形成自己独特的善恶观，因为善恶观的作用是对人性进行整合，所以它的形成是长大成人的标志。

我们对他的关注越早越好，但要避免拿那些"小大人"作为他学习的榜样。尽管他已经表现得像个成年人，但他毕竟还处在童年时期。我们要寻找的是那些遵循着自然规律，按照自然的秩序成长起来的自然的人。

自然的进程缓慢而有秩序。血液不是一下子沸腾起来的，精神不是一下子高涨起来的，性格不是一下子固定下来的，所有的一切发展都有一个循序渐进的过程。如果没有精良的工具，技艺多高的工人也制造不出精美的东西来。

同样，人的欲望也不是瞬间产生的，而是要经过很长一段时间的焦虑期，可由于对欲望的一无所知，这段时期往往被人忽略。

进入青春期后，他的欲望开始一点点地膨胀起来，但他却不知道自己想要的是什么。他的血液开始翻滚沸腾；他的生命力冲出他的身体，无限制地向外扩张；他的眼睛里燃烧着情感的火焰，开始留意周围的人。

他对别人产生了兴趣，终于不再觉得自己是一个孤独的存在了。他知道人世间原来还有爱，并且对这种爱充满向往，于是他向别人敞开了心门。

按照自然的法则成长起来的孩子进入青春期之后，他感受到的第一份情感不是爱情，而是友情。

随着想象力的日益觉醒，他开始倾向于接近那些与自己志同道合的人，这时候，同性对他的吸引力要比异性对他的吸引力强。

所以，延长蒙昧无知的时期的好处就是，这些不断出现的新的感性会在处于青春期的孩子的心里播撒下人性和博爱的种子。

我发现，那些过早地就被酒色及淫逸之事污染的孩子都非常残忍，堕落的生活让他们完全丧失了人性。他们性情暴烈、狂躁易怒，而且报复心很重。

他们的头脑里只有一个想法，除了这个目标，他们拒斥人类所有的其他行为。他们没有丝毫的怜悯之心，为了逞一时之快，他们什么都可以舍弃，包括他们的父母。

相反，一个在质朴的环境里成长起来的年轻人，他的性格温和敦厚，而且富有同情心，任何同伴的苦难都会触痛他的心灵。见到自己朋友他就高兴得上蹿下跳，他知道如何伸出臂膀去拥抱他人，也知道如何向伙伴抛洒同情之泪。

当他惹别人不高兴的时候，他会羞愧地低下头；当他冒犯到别人的时候，他会一脸的歉意。如果他触怒了你，可当你正准备对他大发脾气的时候，他眼神里的善良和悲伤会让你怒气全消。

他会因伤害到别人而哭泣，如果可以的话，他不惜用自己的血液去补偿别人流失的血液。当他发现自己犯了错误的时候，就会收敛起所有的傲慢与怒火，谦卑地低下头去。

他也会因为别人的冒犯而大发雷霆，可只要一句道歉的话，他立即就会平息下来。他乐于原谅别人的过失，就好像他乐于弥补自己的过失一样。在整个青春期，他都是热情而慷慨的，根本就不知道仇恨是什么东西。

在这里，我可以理直气壮地说，一个善良人家的孩子，在他 20 岁之前，一定比其他的孩子都要善良，他肯对别人付出自己的爱，也最应该得到别人的爱。

人具有社会性。因为人是柔弱的，所以必须生活在群体之中；又因为人具有共同的苦难，所以必须互相关心和取暖。

生而为人，我们避免不了要承担对他人的责任。由于自身力量的不足，我们产生了对他人的依赖。如果人人都足够强大的话，我们的生活会变得多么冷漠。正是这些自身的弱点，才让我们体会到了人世间幸福的存在。

除了上帝，没有人是绝对幸福的，因为除了上帝，没有人是绝对孤独的。

世界上没有完美的人，就算我们能满足自己所有的需要，可满足了又有什么乐趣可言呢？最有可能的结果是，他会因此变得孤单、无聊、矫情、凄惨。一个没有任何需要的人不会懂得去爱别人，一个不懂得去爱别人的人不会是一个幸福的人。

要想触动一个年轻人日益增长的社会情感以及培养他善良、悲悯的品行，首先要让他形成正确的幸福观。

为了不让他的心灵遭受傲慢、忌妒和虚荣等的污染，你千万不要带他去那些浮华而富丽的宫廷或类似的排场，千万不要让他接触那些衣着华丽的人以及他们的交际圈。

除非是他已经形成了独立的对上层社会的价值判断，否则的话尽可能不要让他与上层社会沾边。过早地接触奢华的生活对他没有丝毫的好处，你这不是在教育他，而是在带坏他。

并不是所有人生来就是做帝王、达官、贵族或者富翁的命。每个人都是赤裸裸地来到这个世界上，然后遭受各种诸如贫穷、疾病、灾难、

匮乏等痛苦，然后归于尘土。这才是生命的本质，对人性的研究应该
从这里开始。

一个人长到 16 岁的时候就应该经历过痛苦，有过痛苦的感觉了，
可他还没有看到过别人痛苦的样子，所以他还无法体会别人的痛苦。
随着身体的发育，他的想象力越来越丰富，并且越来越能感受到别人
的痛苦，从而设身处地地为别人着想。

他第一次有了同情心，尤其是在面对那些正在遭受苦难的同类的
时候。你丝毫没有发觉这个时刻的到来，可你能怪谁呢？

在他们小的时候，你就开始给他们大讲特讲人类的那些复杂的情
感，让他们用富有感情的腔调说话。现在，他们开始用你教给他们的
那一套来应付你了，这让你根本就分不清哪一句是他们的敷衍，而哪
一句又是他们的真情实感。

一切都可以用以下三个原理来概括。

第一，我们倾向于关注那些比我们更值得同情的人，而不是比我
们更幸福的人，这是人的本性。

第二，我们所同情的那些人都和我们有着相似的遭遇，或者我们
将来有可能陷入此种遭遇之中。

第三，我们的同情程度不取决于他人遭遇的痛苦的程度，而是取
决于这些痛苦被我们感受到的程度。

回到我的教育方法上来。对于一个即将踏入青春期的孩子来说，
我们应该多让他接触一些能够遏制而不是刺激他的感官活动和欲念的
东西。同时，这些东西还要尽量不激发他的想象力。只有压制他的感
官活动，才能避免他的想象力朝刺激人的欲念的事情靠拢。

有鉴于此，最好带他到远离城市的地方去生活，因为城市里的那
些妇女的穿着和不检点的行为只会加速他成熟的过程。在他看来，城
市里的生活就是一种享受，所以在他形成独立的价值判断之前最好不
要让他生活在城市里。

相反，乡下的朴素生活或多或少都会遏制他的欲念的发展。如果

出于对艺术的爱好，他不得不留在城市里，那你就想方设法别让他因城里的生活变得越来越懒惰。他所接触的人、从事的活动以及培养的爱好，你都必须进行严格的挑选与把关。

你要知道，城市里到处都充斥着刺激他的欲念的不良行为，如果任这些欲念发展，终将对他的身心健康造成伤害。

我的意思并不是说应该让他去当护理人员或者慈善家，终日穿梭于各家医院之间，或者与监狱和刑场打交道，去亲眼目睹人世间最残忍、最痛苦的画面。

我的意思是，我们应该让他们看见人世间的痛苦以及饱受痛苦折磨的人，但看一次就够了，如果看得太多的话，他们就会见怪不怪，甚至心灵都变得麻木，丝毫不为别人的痛苦所动。

看看那些教士和医生就知道了，就因为见得太多了，他们才会在面对那些死人或病人的时候一脸的淡漠和不以为然。

并不是所有的痛苦都适合让孩子看见。我们要慎重选择某件事情，然后在适当的时机带孩子去看。我们要保证这件事情至少能让孩子保持一个月的恻隐之心，并且时常思考其中的道理。

所以，如果让他接触过多的事情，带给他过多的教训的话，他的感官就会变得越来越迟钝，不但起不到正面的作用，还会阻碍自然的进程。

经常有老师抱怨说青春期的孩子太不服管教了。这一点我深表同意，但是说这种话的老师们，难道这不是你们一手造成的吗？你们应该知道，只要让孩子通过感官表达自己的感情，那其他的一切方式都不再行得通。

你们经常责备孩子的火气太大，可如果没有这股火气的话，对他们青春期的教育就不可能完成；如果没有这股火气的话，等他们长到像你们这么强壮的时候，就不会再甘心受你的管束。

处于青春期的孩子心里都有一种不得不发泄的激情，对老师来说，这种激情就好像缰绳一样，可以控制他们的行动。

他们之前是无拘无束的，因为他们无所爱，所以他们不从属于任何人，只要满足了自己的需要就行；可现在他们却是身不由己的，因为他们开始懂得去爱别人，所以就会受到所爱的人的束缚。

就这样，他和人类及其社会的关系开始形成了。不要以为他对所有人都会付出自己的情感，他只要去亲近那些和他相似的人。在他的观念中，和他相似的人就是那些和他有着一样的快乐和痛苦、一样的想法和情感的人。

一句话，他只爱和自己天性相同的人。这种爱看似是在爱人，其实还是一种自爱。

只有在天性的基础上对他进行培养，并且他对自己的情感和别人的情感都有了深刻的思考之后，他才能脱离抽象的"人类"的概念，并将之具化成一个个独立的个体。在此基础上，他会根据自己的情感与这些个体中的一部分建立并保持联系。

二、爱弥儿18岁了：博爱的年龄

» 社会教育

我们终于进入了青春期的第二个阶段，这时候，我们的头脑中已经具备了道德观念。在这个人生阶段里，如果道德值得一提的话，我会尝试着指出，良心是怎样冲破层层心灵活动而发出第一次呼声的，以及善恶观念是如何在只具备爱恨的情感中拔地而起的。

"正义"和"仁慈"不是两个抽象的观念，也不是所谓的道德实体。它们不是理性之爱，而是在理性的启发下产生的心灵之爱，是我们最本真的一种情感。

同时，我还要指出，抛开了良心，单凭理性是不可能建立起自然的法则的。自然权利应该以人的需要为基础，否则的话，它无异于一场呓语。

在这里，我不想做任何形式的论述以及形而上学的或者伦理学的讨论，我的目的只是想指出与我们的天性相关的那些情感或者知识出现的次序以及各自的发展进程。

目前，爱弥儿还是只为自己考虑，他之所以想引起那些和他相似的人的注意，是为了和他们一较高低。在这种比较的刺激下，他产生了处处为人先之心。就这样，虚荣侵入了他的心灵，将自爱代替，紧接着一切与虚荣相关的欲念排山倒海而来。

要想了解这些新产生的欲念是博爱宽容还是阴险忌妒，我们首先得知道他想在人类社会中谋取到什么样的地位，以及需要克服什么样的障碍才能达到自己的目的。

为了进一步对他进行指导，除了让他看到人类共同的境遇之外，还要让他知道人与人之间存在的差异以及生活在社会中应该遵循怎样的秩序。

自然状态下的平等才是真正的平等，因为人与人之间的差异太小了，不足以让一个人对他人产生依赖心理。

文明社会里的平等是虚假的平等，而且人类为了维持这种平等所使用的手段更加剧了这种不平等。此外，那些强者打着公共权力的幌子对弱者施加压迫，把人与人之间原有的平衡状态破坏得面目全非。伴随着这种不平等，人类社会各种潜在的或者显在的矛盾都出现了。

为了少数人的利益牺牲多数人的和公共的利益，那些所谓的正义和秩序其实都是少数人实行暴力统治或者为自己谋取利益的工具而已。

那些统治阶级大张旗鼓地宣扬着要为民众谋福利，其实他们所有的举措都是为了他们自己。他们的脸上都戴着虚伪的面具，在这些光鲜亮丽的面具背后是一颗颗自私而阴险的心。

我们要撕开这些统治者的面具，把他们本来的面目展示给年轻人看。当然，我们这样做的目的不是为了让年轻人去仇恨他们，而是去可怜他们，从而不去学他们。这才是人类最真实的情感，也最合乎常理。

以前，我们教育孩子要根据自己的经验去学习，可基于以上观点，我们要改变之前的教育方法，让他从别人的经验中去获取知识。

我要慎重地为他画定一个交际圈，好让那些品行不端的人没有接触他的机会；我要让他看清这个世界，遇到任何事都要做最坏的打算；我也要让他相信人性本善，要不带任何偏见地去评判他的邻居；我还要告诉他社会上到处都充斥着引人向恶的诱惑，以及这些诱惑都根于人性的弱点。

我希望他尊重那些优秀的个人，而不是盲从于庸俗的群众；我希望让他知道任何人的脸上都可能戴着面具，但面具背后的笑容可能比面具本身漂亮得多。

我承认，这个办法实施起来有点儿困难，而且也有很多缺点。因为过早地让他对人性了解得过于深刻，他就会认为世间充满了罪恶，甚至把美好的事情也当作是邪恶的。

当他对人类的堕落习以为常了之后就不会再进行自勉了。久而久之，他就会形成这样的心理：既然大家都这样做，我为什么就不可以呢？

为了避免出现这样的情况，我决定让他多接触些不同时空的人，这样他就可以站在旁观者的角度进行观察，在了解别人的同时还能保持自己的纯真。这就到了让他学习历史的时候了。

相对于哲学，历史可以让他以比较简单的方式去洞察人的内心。他不是谁的同谋，也不是谁的敌人，所以他能以完全客观的态度对历史事件和人物做出评价。

不过，这种方法也有其弊端，因为对他人做出公正的评判实在是太难了。历史的记录有一个很大的缺点：无论是历史事件，还是历史人物，负面的描写都要比正面的描写多得多。

一旦发生了灾难或者革命，那些历史的记录者就开始长篇大论，大写特写，而对于国泰民安的时期，他们却一笔带过，少有记录。几乎所有国家的历史记载都是从对衰败的描写开始，紧接着就是和邻国的战争。

坏人总能流传千古，而好人却很容易被埋没或者成为人们茶余饭后的消遣。历史就这样不断地诋毁着人类，就好像哲学所起的作用一样。

我们所看到的历史并不是其本来面目，而是被那些历史学家加工过的，受到他们个人喜好的左右。所以说，历史中到处充斥着偏见。

没有哪一个历史学家能把读者带回当年，让他们亲历那些历史事件。或者由于无知，或者出于偏见，他们把历史书写得面目全非，就算没有被扭曲，它也会在或者宏大或者狭隘的时代背景里失去本来的面目。

一棵大树是否存在，一块石头位于左还是右，一阵风沙从哪个方向吹来，这些微不足道的细节决定了多少场战役的成败？可那些自以为是的历史学家根本就不考虑这些，而是一本正经地在那里分析着输赢的根源，就好像他们亲临了当时的战场一样。

正是他们所谓的高深莫测，带我们远离了历史的真相。如果我们不知道一件事情发生的原因，就不能从中吸取教训，那对它的研究还有什么意义？那些天花乱坠的评论都是历史学家杜撰或臆想出来的，即便有些分析看起来头头是道，也不过是比较合理的谎言而已。

有人认为，我们没必要拿记录社会风俗或者撰写人物传记的标准去要求历史学家，只要他们没将人心扭曲就行了，至于历史事件的真实性都是无关紧要的事情。毕竟，熟知发生在两千年前的事情的每一个细节对我们能有多大用处呢？

如果他们能如实还原历史的本来面目，那这种言论也无可厚非。可如果大部分的记叙都是出自历史学家的想象，那我们就又得面临刚刚才摆脱掉的问题，即把从老师身上扒下来的神圣外衣穿在了历史学家身上。

如果非要我的学生接触那样的历史，我宁愿亲自给他虚构一幅图画，至少我知道什么样的东西才真正适合他。

对年轻人产生最糟糕的影响的是那些携有着太多个人意见的历史学家。真相！只给他们真相就可以了，其他的留给他们自己去做。他们自有自己的判断力，只有靠他们自己，他们才能真正理解人类的行为。

如果他们总是受到作者的主观意见的左右，那他们永远都学不会用自己的眼睛去看问题。一旦离开了别人的指引，他们哪里也到达不了。

我不主张去教授现代史，一是因为现代史平淡无奇，没什么特色，二是因为里面掺杂的历史学家的偏见比古代史更多，离真相也更远。

一般情况下，古代历史学家对历史人物的描述比较少，在对历史事件做出评价的时候，个人的直觉要比道德判断占的比例大。

修昔底德算是这类历史学家的典范。他在叙述历史事件的时候从来不做带有主观色彩的判断，但也从来不会遗漏任何一个可供读者发表自己的意见的场景。

他不插手历史和读者的关系，而是以一种置身事外的姿态站在一边，把历史像一幅画卷似的展现在读者面前。他写的历史能给读者一种很强的代入感，仿佛身临其境一样。

唯一不足的是，他的历史只记叙战争，可战争的教育意义在所有的历史事件中是最低的。

类似的历史学家还有希罗多德，他才思敏捷，文笔流畅。他的两本著作《万人撤退记》和《恺撒评传》对历史的描述相当精彩，但具有和修昔底德的历史同样的优缺点。

可惜的是，他的书太过幼稚和简单，否则的话，他可以称得上是用历史对年轻人进行教育的最好的历史学家了。所以，如果没有很高的鉴赏能力，还是不要读他的书好。

李维也是位值得一提的人物，这个人不仅是一位伟大的政治家，也是一位优秀的修辞学家。他的书不适合这个年龄段的年轻人去阅读，我在以后会提到他。

大多数历史的描写都存在缺陷，它们重点记叙那些有明确的时间、地点和人物的重大事件，而将那些意义不是很大的事件忽略。在对重大事件的记叙中，它们所涉及的也只是其皮毛而已，至于其日积月累的爆发或发展原因则少有提及。

人们总是习惯于把革命的爆发归因于一场战争的成败，其实没有那场战争革命一样会到来。每一场革命都不是突然就来的，它必有一个长期酝酿的过程，而那场战争只不过提升了由精神原因导致的事情的作用而已。这一点很重要，却被大多数历史学家忽略了。

需要补充的是，历史的侧重点在于对人的行为的描写，而不是对人本身的挖掘。

它只对某个人物的人生中特定的某几个时刻加以关注，研究他在历史事件中的作用，而对于这个人的私生活以及交际圈却忽略不计。所以，我们看到的只是历史人物的行为或表现，不可能对他们有一个全面的了解。

只有对历史人物的个人生活进行追踪，才能洞察他们的本性。如果历史学家足够用心的话，那些历史人物的一言一行都逃不过他们的眼睛。

蒙田曾说过："我更倾向于看人物传记。历史讲述的只是事件的过程或人物的行为，而传记则能揭示人的思想，反映人的内心。所以，我喜欢读普鲁塔克的著作。"

群体中的人和单独的人的性格是截然不同的。因为人会受到群体环境的影响，所以只有把人放到群体中去研究，才能对他有一个全面的认识。

但这种观点也有其合理成分：只有对个体进行研究，才能准备把握他的性格倾向，从而预见他在群体中的作用以及能对群体产生多大的影响。

普鲁塔克善对细节的把握相当精准，这一点正是其他的历史学家所欠缺的。他的文笔优美，而且能够做到见微知著，只通过一个微小的事件就能表现出人物的伟大之处。

他善于对这些细节进行选择，往往只需通过一个微笑、一个手势或者一句话，他就能把人物的性格描写得淋漓尽致。

当战士们萎靡不振的时候，汉尼拔只需一个笑话就可以让他们士气高涨；阿杰锡拉骑在一根木头上，反而让我对这位征服之王产生了亲近的欲望；亚历山大一言不发，默默地吞下药片，如此美妙的时刻他从来都没有经历过。

没有豪迈的壮举，没有宏大的叙事，从细节处着手去刻画他们的性情，这才是真正的人物描写。

» 消除虚荣心

如果再前进一步，我们的目的就要达成了。虚荣心对我们有利也有害，它会给人前进的动力，也会给人带来伤害。

与别人比起来，爱弥儿的优势非常明显。他经常把我取得的成就归功于他的理性，并且认为他的幸福生活都是靠自己得来的。

他逢人便说："我是世界上最聪明的人了，其他人简直都是傻瓜。"这种目中无人的态度实在太可怕了，我宁愿爱弥儿的心被偏见左右，也不愿他成为一个骄傲自大的人。

如果说虚荣心可以彻底消除的话，那最好的办法就是利用经验的力量。虚荣心的壮大速度是非常快的，我们要想方设法将之扼杀在摇篮之中。不要跟他讲那些大道理，更不要企图安慰他说世界上没有完美的人，不用对自己的缺点过分在意。

要想让他改正缺点，首先得让他意识到这种缺点存在于他身上。为了让他知道他跟所有人都一样，并不是高人一等的，我会让他遭遇一些意外。当然，这一点与我的教育原则是相悖的。

如果那些恭维他的人想占他便宜，我不会生气；如果有人鼓动他去冒险，我不会阻拦；如果他被人骗去赌博，我也不会在意。只要诱惑他的不是那些淫荡的女人，我都不会插手。

当然，我的学生绝不会犯这样的错误，凡事我都倾向于做出最坏的打算，万一最坏的情况真的出现了，我就不至于慌了手脚。

我忍不住要揭穿那些老师的卑贱的虚荣心。为了显示自己的学问，他们总是把学生当作孩子来看待，并且让他们做这做那，时刻都保持着一种高高在上的姿态。

老师要对学生多些鼓励，以提高他们的勇气和信心，并且要和他们共同成长。如果学生不及老师，老师应该放低姿态，对他们多加指导；如果学生超过了老师，老师不但不能以此为耻，反而应该感到自豪才对。

老师应该树立这样的意识，即学生的荣耀就是自己的荣耀，学生的耻辱也是自己的耻辱。所以，当孩子犯了错误的时候，老师绝不能推卸责任，而是和孩子一起承担。

如果为了保护爱弥儿，我挨了别人一记耳光，我绝不会因此感到屈辱，我相信，任何人都会对我的行为表示尊重。

如果年轻人犯了错误，我们可以用寓言去启示他。相对于给他讲大道理，寓言的教育意义要强得多，而且也不会让他产生逆反心理。他已经具备了把寓言同自己的处境联系到一起，进而对自己的行为进行深刻的反省的能力。

如果一个孩子没有被欺骗的经历，他就很难理解《狐狸和乌鸦》的寓意。相反，如果一个孩子上过那些花言巧语者的当，他一下子就能判断出乌鸦是个十足的傻瓜。

吃一堑，长一智。话虽如此，即便经历过惨痛的教训，他也很有可能继续犯同样的错误。这时，寓言就可以起到警示作用，帮助他把过去的经验牢记在心中。

通过自己或者他人的经验，他很容易就能学到那些与道德有关的知识。对于那些必须经历一番冒险才能获得的经验，就让他从历史中寻找，可如果对他造不成多大伤害的话，还是让他亲自去经历一下比较好。

我们可以把那些比较经典的案例编成格言，但千万不要给他解释格言的意思。寓言的结尾通常有一段对寓意加以解释的话，我觉得那简直就是画蛇添足。读寓言的乐趣就在于自行体会其中的寓意，可作者却把这种思考的机会剥夺了。

教育的最高境界在于让受教育者喜欢上你所教的东西。在把拉·封丹的作品拿给年轻人读之前，我会把每个故事结尾的那段话都删除。这位出类拔萃的寓言家，在他的故事里已经把所有的道理都讲得一清二楚了，结尾的解释实在是多余。

如果他能读懂，不用解释他也能懂；如果他没读懂，再多的解释他还是不懂。我再强调一遍，寓言是用来给成年人看的，他们有从寓言中吸取教训的能力。到了这个年纪，爱弥儿也可以开始学习寓言了。

为了培养所谓的思辨力，年轻人把人生中最美好的时光都奉献了出去，之后就投入紧张而忙碌的事业中去，这种做法违反了人的天性，也违背了自然规律。

那些年轻人，不管他们有能力还是没能力，都很少懂得为人处世的道理。老师们教授各门艺术，却从来不教行为的艺术。他们打着为社会培养人才的旗号，可用他们的教育方法培养出来的人终日耽于沉思或空想，一旦走出书斋，简直就是一无是处。

在你的观念中，只要他学会说一些客套、礼貌的话，就算有了生活的能力了。我要爱弥儿除了知道如何生活之外还要知道如何谋生。

可要想在这个世界上独立生活下去，这样做是远远不够的。他还要学会如何跟人相处，如何运用工具，如何正确分析个人利益的利弊以及如何对事情的发展进行预测。

我对这句话深信不疑，即只有好事才能成就好人。所以，你要让你的学生在他的能力范围内尽可能多地去做善事，用付出金钱或者劳动的方式去帮助他人或者匡扶这个社会的正义。这种积极的态度和仁慈的心灵让他致力于调节他人之间的纷争，关注他人的痛苦。

只要他有一颗善良的心，并且将之付诸行动，事后对自己的行为进行总结和反省，他就能从这个过程中收获很多知识。这种知识与实践是相联系的，所以比在学校里学到的知识更有意义。

用自爱之心去爱人，自爱就会变成一种美德。这种美德存在于每个人身上，只是有待我们去挖掘而已。我们将自己的爱给予他人，对方和我们越不亲密，我们就越少考虑到个人利益。如果我们能像对待个人利益一样去对待别人的利益，那社会就会变得越来越公正。

爱人类，其实就是爱正义。所以，只有让爱弥儿在做事情的时候完全抛开个人利益，他才能成为一个热爱真理并且勇于探索真理的人。只有多去关心别人，他才能拥有是非善恶的观念，并且变得越来越聪慧和乐观。

我们要防止他从个人的偏见出发对周围的人做出或喜欢或讨厌的判断，他没有权利为了顾全一个人而牺牲另一个人的利益。用不偏不倚的态度去努力为所有人谋求幸福，给所有人都带去好处，这才是他应该做的事情。

一个真正明智的人应该把集体利益放在个人利益之上，因为集体利益涉及整个人类，而个人利益只涉及某一个人。

怜悯之心有可能演化成懦弱，要想避免出现这样的情况，就得把怜悯的对象扩大到全人类。这样，当我们的怜悯之心出现的时候，首先就会想到如果自己对某些人施予同情的话会不会违背正义。要知道，正义是一种最有助于为人类谋求福利的美德。

我们的理智和自爱之心告诉我们，我们要同情的是整个人类，而不是自己的邻居。我们要牢记这句话：对坏人的怜悯就是对好人的残忍。

提出这些方法之后，我再来谈谈会产生怎样的效果。他的头脑中渐渐展现出一幅宏伟而壮丽的景象：高尚的情操压制住了那些渺小的欲念的增长，伟大的灵魂绝不能生出超越了某个限度的欲望。

他知道，当面对不如自己的人的时候，一个真正优秀的人会把自己降低到和对方一样的高度。他已经拥有了多么正确的理性和清晰的判断力！何谓正义？何谓美？何谓道德以及何谓秩序？这些观念都已经深深地印在他的脑海中了。

他知道，每一件事物都有其固定的位置，一旦发生了改变，一定有其原因。他知道，什么东西是有用的，什么东西是没用的。虽然他还不知道烦恼为何物，但他已经隐约看到了它的幻象，感受到了它的作用。

» 宗教教育

如果我说到现在我都没有跟爱弥儿讲过有关宗教的知识，相信很多人都会感到惊讶。到了15岁，爱弥儿还不知道灵魂的存在。到了他18岁，我仍然不打算让他知道什么是宗教，因为知道得越早，他的理解力就越不够，就越容易对宗教产生误解。

一位冬烘先生在那儿一本正经地回答着孩子提出的有关教义的问题，这种行为是多愚蠢啊！给孩子讲教义，这简直是把孩子变迟钝的最好方法。

你也许会质疑我说，基督教的教义太过高深和玄妙，要想让他理解，除非等他长大成人了，而且还得等那个人不在人世的时候再去教他。

诚然，基督教的教义是玄妙的，但它也是令人难以置信的。除了教会他从小就学会撒谎，我看不到让他学习教义的其他意义。再者，孩子也不能正确把握玄妙的意思。对于一个觉得任何东西都很玄妙的孩子来说就无所谓玄妙了。

不要对一个不知道什么是真理的人讲真理，对他来说，真理和谬误没什么两样。相对于让他侮辱或亵渎上帝，我宁愿不让他接触上帝。

普鲁塔克是一个非常忠厚的人，他曾说："我宁愿别人不知道我的名字，也不愿听到他们说我是一个满脑子偏见心胸既狭隘又冷漠，总是用那些根本就做不到的事情为难别人的人。"

当他还是个孩子的时候很容易对上帝的形象产生误解，而且这种误解很难纠正过来，很可能会伴随其一生。在瑞士的时候，我看到过这样一位母亲，她从来不给自己的儿子讲宗教，就是因为担心他满足于这点儿粗浅的知识，等到成年之后也不会再去加深对宗教的认识。

当听到别人讲上帝的时候，这个孩子总是一副肃然起敬的样子，可等他想发表一下自己对上帝的看法的时候，大家就马上堵住他的嘴，他们认为这个话题太过崇高，还不适合他这个年纪的孩子去谈论。

越是不允许他知道的东西，就越容易激起他的好奇心，而且在自尊心的驱使下，他产生了一种强烈的想了解这些神秘之事的欲望。他感觉自己的身边到处都萦绕着上帝，可大家就是不给他讲上帝，更不允许他讲上帝。

我担心这种故作神秘的态度会过分刺激他的想象力，把他的理智完全淹没。结果，他不但没有成为上帝的虔诚信徒，反而成了上帝的疯狂崇拜者。

不过，这种事情肯定不会发生在爱弥儿身上。对于他不能理解的事物，他总是避之不及。如果某些问题困扰了他，不是因为别人强迫他去面对，而是随着他的理性的发展，他自行产生了研究的兴趣。

讲到这里，我遇到了一个巨大的困难，之所以说它巨大，不是因为这个困难本身太过棘手，而是将要面对这个困难的人太过懦弱。

每一个孩子的成长都会受到他父亲所信仰的宗教的熏陶，因为这是他所能接触到的唯一的宗教，而且也有大量的证据证明这个宗教是合理的，所以他就会对其他的宗教产生排斥心理，甚至认为它们都是愚不可及的。

　　在宗教问题上，人特别容易受到偏见的影响。当然，我不想让爱弥儿受到偏见的束缚，也不想让他受到权威的压榨，那我应该让他信奉哪种宗教呢？这个问题简单至极，我不会将我的意见强加到他身上，而是让他在理性的指导下自行做出选择。

　　只要能够独立于社会的偏见或者别人的权威，时时处于一种自然状态，我们就能凭自己的理性理解什么是自然宗教。我要给爱弥儿讲的也都在自然宗教的范围之内。如果他信奉其他宗教，我就不能很好地去指导他了。

　　人的教育与自然的教育要相互协调。自然负责培养他的身体，我们负责塑造他的灵魂，这两者的进程是不同的。不论我们采取多么好的办法，灵魂的塑造都赶不上身体的发育。当他的身体已经非常强壮的时候，他的灵魂可能还处于蒙昧状态。

　　在培养他的天性的时候，我让他的感性处于理性的控制之下。只有摆脱感官的支配，他才能探究出事物的本质，进而将自己的层次提升一个高度，从研究自然本身上升到寻求到底谁才是自然的创造者。

　　如果我们这样做了，也就找到了一种新的吸引学生的方法。这时候，就算没有别人的监督或者法规的约束，他也会发自内心地去做善事。他为人公正，集所有的美德于一身，并且不惜一切代价都要履行自己的职责。

　　他之所以这样做，不仅仅是出于对社会的爱，更是出于对上帝的爱。这种爱和自爱结合在一起，他获得了良心的安宁，并且开始懂得对至高的存在进行反思。

　　只要他善用此生，无论是现世还是来生，他都能享受到永恒的幸福。

三、爱弥儿20岁了：爱的年龄

》成年的到来

自然的真正时刻迟早都要到来，任何人都无法回避。人终有一死，可有死亡就会有新生。经过世代繁衍，人类的种族得以延续，人类的秩序也得以流传。

如果你通过我所讲的这些征兆预料到这个时刻就要到来的时候，你就得改变你一贯的口吻了。他仍然是你的学生，但他已经长大成人了。你应该把他当作你的朋友，不能再用对待孩子的方式来对待他了。

自爱是他产生的第一个自然的欲念，这种欲念会驱使他心甘情愿地接受你的管教，他的习惯也会要求他这样做。

如果你对他的欲念妄加干涉，并且把他的新需要当作罪恶加以扼杀，我敢保证，他以后就再也不会对你言听计从了。你要把握好自己的角色，始终站在大自然这一边，而不是它的对立面。

当具体到应该如何行动的时候，很多人就犯难了。我觉得无非这两种选择：要么放纵他的欲望，要么遏制他的欲望。不过，这两种选择都有有害的一面，所以你一定要经过慎重考虑之后再做出决定。

当然也存在避开选择的办法，那就是赶紧让他结婚。这个办法听起来很合理，而且也符合自然的规律，但它不见得是效果最好的或者最让人满意的方法。我承认，年轻人到了一定的年龄就得结婚，但我不赞同他们在身体和心智还没发育完全之前就结婚。

因为大自然没有明确界定结婚的年龄，所以我可以假设在我的教育下，爱弥儿到了现在还保持着童年的单纯和天真，但我很清楚，这样的日子持续不了多久了。

他身边的诱惑越来越多，我知道，不管我怎么努力都已经无法改变他要逃离我的管束的事实了。除了告诉他要时刻警惕身边潜伏的危险，并且保护他不受那些无意识所犯下的错误的伤害之外，我不能再做更多了，因为他已经有了对自己的行为负责的能力。

之前，我是用保持他的无知状态来教育他的，而现在到了用他的智慧来管束他的时候了。你要始终记得，对成年人的教育方法和对儿童的教育方法是截然相反的。

现在，你要把那些他渴望知道却一直不知道的神秘的事情告诉他了。既然他迟早要知道，那就由你告诉他吧，这要比他从别人口中得知或者自行得知要好得多。

有些读者，包括和我持同样观点的读者或许会这样想：既然这样的话，找个时间把这些事情集中讲给他听不就行了吗？事情哪有你们说的那样简单！这个办法不是解决问题的根本之道，更何况，如果谈话的时机不对，说了也是无用，甚至会适得其反。

就像播种之前一定要先把土壤整理好一样，在对他进行道德教育之前也要有一个长期准备的过程，否则的话，道德的种子很难在他的心里生根发芽。

每个人都有其特殊之处，如果对他们进行千篇一律的说教，根本就起不到丝毫效果。每个人的性情、思想、禀性、年龄、职业等都是不同的，所以要因材施教。

且不说同一番话说给不同的人听会产生不同的结果，就算同一番话在不同的时刻说给同一个人听的结果都是不同的，因为人的情感是很不稳定的，随时都有可能发生变化。

你可以想象一下，当火热的情感驱散所有的理智，完全侵占了你的头脑的时候，你会有心思听那些虽富有智慧但啰唆的教训吗？不要以为他到了拥有理性的年龄就会耐性听你的说教，所以在开始你的长篇大论之前，你最好先保证他肯坐下来听你说完。

读书、懒惰、孤独、静止不动以及同妇女和青年的交往，这些活动都有可能给处于这个年龄段的年轻人带来伤害。

我试图让他多接触一些能刺激他的其他感官的事物，好让他把注意力从现在的感官上转移开来。只要遏制住他的想象力，就能防止他走向歧路，最好的办法是让他从事体力劳动。

一旦他的四肢忙碌起来，他就没有心思去想其他的事情了；一旦他的身体处于疲惫的状态，他的心就不会躁动起来。远离了城市，也就远离了危险和诱惑。

但仅仅离开城市是远远不够的，因为到处都可以找到滋生想象力的土壤。如果不能让他彻底地摆脱危险的事物或者消除他对危险事物的记忆，那么无论我怎样去教育他，最后都会功亏一篑。

爱弥儿有必要掌握一门手艺，但这不足以满足他的所有需求。他学会了种庄稼，但干农活儿仅是一种身体的活动，是不需要动脑筋的，所以他可以边劳动边想其他的事情，身体和大脑的活动并不冲突。

我要让他从事一种可以占据他全部思维的活动，让他完全沉浸在这个活动之中。我想，打猎最合适不过了。

打猎是一种娱乐性很高并且很适合成年人的活动，但是我绝不允许爱弥儿的整个青春期都在打猎中度过，因为屠杀动物实在是一种残忍的行为。

我之所以让他去打猎，只是想遏制他另一种危害性更大的欲念的产生，从而静下心来认真聆听我的教导。

我们这个时代最大的弊病之一是太过提倡理性，好像除了理性人就不应该有其他的思维活动。

理性是不能单独发挥作用的，即便能，它也主要是阻止我们去做某件事情，而不会带给我们去做某件事情的激情，更不会造就伟大的心灵。

只有那些心胸狭隘的人才总是搬一堆大道理出来，所以，尤其是在年轻人面前，请收起你的高深莫测。

我重申一遍：理性只能左右我们的观念，但改变不了我们的行为。

一个人可能会遵照理性的方式去想，但可能不按理性的方式去做。

如果说这个说法适用于所有的成年人的话，那对年轻人就更是如此，因为他们现在的行为主要受感官的支配，可以说，他们对事物的认识完全来自于他们的想象力。

在跟他说话之前，我会尽量让自己的眼睛中、声音中以及动作里都充满热情，否则的话，我不会开口，他也会听。

我语调轻柔地用各种各样的论据使我的观点更具说服力，绝不说一句枯燥乏味的教条式的话语。我用饱满的热情深深地打动了他，于是他聚精会神地听我说着。我绝口不提他的利益，以免他成为一个唯利是图的人。

相反，我所有的话题都是从自己的利益出发，他却听得津津有味。我跟他讲什么是感恩、善良和慷慨。我将他紧紧地抱在怀里，眼泪止不住地流淌下来，滴落在他的身上。

我要对他说："你不仅是我的孩子，也是我的财富，更是我的事业。只有你幸福，我才能幸福。如果你总是让我失望，那我就白白浪费掉了 20 年的生命，我的晚年注定要遭受痛苦。"

用这种方式跟他讲话，他才会把你当成一个可以交心的人，只有赢得他的信任，他才会听从你的教诲。

» 理想中的女人

作为一个社会中人，爱弥儿不可能永远过独身生活，而是要承担起对他人的责任。在和一个人一起生活之前，他首先得对这个人有所了解。

爱弥儿已经对人类有了一个清晰的概念了，除此之外，他还要学习如何去了解单个的人。他知道这个世界是怎样运转的，可对于这个世界上的人是怎样生活的他还不是很清楚。

他在社会这个大舞台的背后待的时间已经够久了，现在到了他走向前台的时候了。他不再像社会投去羡慕的眼光，因为他已经摆脱了无知的状态，成为一个能够用理性对外物加以辨别的青年了。

人的一生中有一个特定的阶段是用来研究科学的。同样，人生中也有一个阶段是用来研究社会习俗的。

如果让他在还没有理性的年龄就接触到这些习俗，他就会将之全盘接受，甚至终生都会受到这些习俗的左右。

相反，如果让他在拥有了独立的判断能力之后再接触这些习俗，他就会用批判的眼光去选择哪些是应该抛弃的，而哪些又是应该遵从的。

如果你交给我一个 12 岁的孩子，然后由我教育到 15 岁再还给你，我敢保证，或许他所学的知识不会比跟随你的时候多，但他的判断力一定会得到突飞猛进的提升。

我的教育方法也适用于 20 岁的年轻人。只要给他恰当的引导，只需一年时间，他就会成为一位十足的绅士，而且比你用 20 年的时间培养出来的那个他要大方和优雅得多。

"你需要一个女人的陪伴"，我跟他说。让我们一起去寻找这个理想中的伴侣吧。真正有情操的人是很少的，或许我们很难找到她，但只要我们坚持找下去，她就一定会出现。

就算她不会出现，也会有一个和她类似的人出现。带着这个美好的信念，我决定让他认识更多的人。于是，我把他引入了社交界。

我所描述的这个女人完全是一个完美情人的形象，她的品质都是他所中意的，她温柔、和蔼、亲切宜人，并且丝毫没有诱惑他犯错的那些习性。当然，我不会阻止他生出对这个女人的爱欲来。

或许，现实中根本就不存在我所描述的这种女人，但这无关紧要，谁的心中没有一个理想的情人呢？虚构出来的她的样子要比真实世界里的可爱多了，我敢说，如果我们知道了我们所爱的人的本性，就再也不会对爱情有任何期待了。

没有庄严的面纱，爱神就不会降临。

我无意于用一种根本就不存在的情人的形象来欺骗他，所以我允许这个女人身上有一些缺点，但这些缺点还不至于影响到他对她的喜欢，而且也有助于他反思自己的缺点。

听了我的描述之后，如果他满意的话，就会迫不及待地想从现实中找出一个与之相对应的人。我甚至连她的名字都想好了。

我会面带笑容地告诉他："'苏菲'是一个寓意很好的名字，你将来的情人就叫'苏菲'吧。就算她不叫'苏菲'，也要拥有这个名字所蕴含的美好的品质才行。"

只要明确了目标，那其他的就好办了。我会带他出席各种社交场合，因为我们是抱着目的而来的，所以我不会担心他会受到邪恶的诱惑。他的心灵是纯洁的，我们只要保证他的感官不要受到刺激就可以了。

》 踏入社交界：审美趣味的培养

踏入社交界之后，让我们看看爱弥儿发生了什么变化吧。他之所以出席这样的场合，并不是为了张扬或显示自己的个性，仅仅是为了寻找一个合适的伴侣而已。

他从不哗众取宠，也不矫揉造作。无论身处怎样的环境，或者进入怎样的阶层，他都保持着一贯的质朴和真实。他没有一眼就能让人认出他的特质，他也不想拥有这样的特质。

他从不在意别人对他的评价，更不会受别人的偏见的左右。如果一个根本就不了解他的人冒犯了他，他也丝毫不以为意。他不胆怯也不狂妄，不拘谨也不伴装，无论是在群体之中还是在独处之时，他都保持着一贯的朴实和自然。

他从来不会为了吸引别人的注意而夸夸其谈。相反，他总是保持着沉默，除非是遇到一些有必要探讨的事情，否则他不会有太多话语。

爱弥儿的洞察力很强，但他绝不会去说一些花言巧语。他非常乐意遵从别人的礼俗，但这并不意味着他在显摆自己很了解那些规矩，或者故意装出一副彬彬有礼的样子。他这样做的目的只是不想引起别人对他的注意而已。

当别人的目光落在他身上的时候，他会觉得浑身不自在。他立场坚定但从不固执己见，他从容不迫但从不狂妄自大。

蛮横无理是奴隶的品性，装模作样也不属于独立自主的人。一个品德高尚的人不会到处宣扬自己的高尚，到处吹嘘的必是庸碌而空虚之人，因为除了在口头上过把瘾，他们没有任何可以拿出来炫耀的资本。

读历史的时候，我们是凭借人的欲念对人进行判断，进入社会之后，我们要根据道德观念对人进行评论。那些对人心会造成或好或坏的影响因素总能引起他的兴趣，所以现在到了他开始对审美趣味进行哲学探讨的时候了。

我们没必要非得弄懂审美趣味的定义，它不过指的是一种对大部分人喜欢的或者不喜欢的事物做出自己的判断的能力。可这并不意味着大多数人具有很高的审美趣味，因为他们只能对某种事物做出判断，却不能对所有的事物都进行判断。

就好像把所有的美的标准都集于一身的人很少一样，把对所有事物的审美趣味都集于一身的人也很少。

我们之所以去关注某些事物，并不全是因为它们对我们有利或者有害。能培养我们的审美趣味的不一定是生活必需品，它们大多是一些没有实际用处却能供我们娱乐的东西。

我们没必要用审美的眼光去看那些生活必需品，只要它们能满足我们的某种需求就可以了。我们很容易把握自己的需求，而审美看起来却十分随意，没有一个明确的标准。我们只能根据自己的本能对某个事物做出或美或丑的判断，除此之外再没有其他的依据。

需要强调的是，审美具有很强的地方差异，它因各地的宗教信仰或政治制度的不同而不同。此外，年龄、性格以及性别等都会对人的审美产生影响，所以争论审美的标准是没有意义的。

人的审美是天生的，但这并不是说人的审美都是相同的，它会随着人的成长环境的不同表现出不同的发展程度。审美能力的高低并不取决于天赋的感受能力，其发展的程度主要受生活环境的影响。

首先，要想对审美趣味进行比较，就得保证生活环境必须是多样化的。

其次，那些只关心有用之物的人注重的是利益，而不是趣味，所以必须要有一个以娱乐和休闲为生活重心的群体。

最后，还需要有一个以审美趣味为重心的社交场合。在这个社交场合里，所有的虚荣、偏见和不公都是不存在的。审美不能受到时尚的左右，否则的话，人们追求的就不再是趣味，而是出众或流行。

审美趣味的培养已经是爱弥儿不能回避的一个问题了，所以我提出了以上几个观点。作为他的老师，要想对他有所帮助，自己也要对那些让人愉悦或苦恼的事物有一个清晰的认识。如果你想帮助他做成某件事情，首先得培养他对这件事情的兴趣才行。

如果让我在一个尚未形成独立的审美观的国家和一个审美观已经扭曲的国家之间做出选择的话，考虑到对爱弥儿的培养，我会把第二个国家放在第一位，而后考虑第一个国家。

我是出于这样的考虑：第二个国家的审美观之所以发生扭曲，是因为审美的对象太过细腻了，而过于细腻的肯定不会是大多数人能注意到的东西。

此外，事物的区分越细腻，要区分的地方就越多，人们的争论也就越多。如此一来，人们就会各执己见，有多少人就会有多少种审美观。

争论能扩大哲学和知识的范围，从而引发人们更深的思考。长期生活在这样的环境里，我们的直觉就会越来越敏锐，感受细微差别的能力也会越来越强。

在当今的文明社会中，我们再也找不到一个比巴黎的审美趣味更糟糕的地方了，但这里却是良好风尚的发源地，在欧洲，几乎所有的知名作家都曾在巴黎接受过教育。

可如果你认为只要读一读这些作家的著作就足够的话，那你就大错特错了，要知道，与作家本人的交流要比读他的文字的效果要好得多，更何况，让我们受益的可不止是这些作家。

一个人要想拓宽自己的眼界，让自己的思想变得更有深度，必须得对社会精神进行研究。如果你觉得自己还算有点儿天分的话，那就去巴黎发展吧，不出一年，你就能崭露头角，否则的话，你很可能就把自己的才华浪费了。

生活在一个审美趣味很差的地方，我们很快能学会运用自己的思想。虽然这一点很难避免，但我们还是要努力让自己不受那些不良风尚的影响。我们不可以模仿他们的做法，但可以把他们的思想进行改造，以此作为辅助自己做判断的工具。

我要把爱弥儿带去巴黎。我会着重保护他的判断力，以免它遭受任何破坏。等他的审美能力达到一定的水平，能够自行对人们的趣味做出或好或坏的判断之后，我要开始引导他把比较单纯的事物作为审美的对象。

》 书籍和戏剧

为了让他的审美趣味一直保持健康而纯洁的状态，我还要采取进一步的行动。我要远离那嘈杂而放荡的人群，找一个安静的环境和他进行一次有益的谈话。我们所谈论的话题必须是他感兴趣的，只有这样，我们的谈话才会既有趣又有意义。

现在到了让他读一些有趣的书籍和教他欣赏口才和措辞之美的时候了。我们不能为了说话而学习语言，语言的作用远远没有我们想象的那样强大，可要想真正掌握一门语言，就避免不了对语法的研究。

语言与语言之间是相通的，如果不会拉丁文，肯定学不好法文。只有通过比较，才能掌握语言艺术的规律。

朴实的语言风格很容易触动人的心灵，可除了古人的著作，这种风格已经很少见了。爱弥儿发现，跟历史一样，古人的诗歌、辩词以及其他的文学作品，它们的内容都很丰富，而且从不轻易做出论断。

再看那些当代人，他们的书籍空洞无物，却长于对任何事物都评头论足。他们强迫读者接受他们的观点，剥夺了读者发表自己意见的权利。

这两种不同的文字风格也反映在墓碑上。我们知道，今天的人总是乐于在墓碑上写上一大段溢美之词，可古人的墓碑上刻的却是记录事迹的文字。

路过的人，请停下你的步履，追思一下这位英雄。

当我在一个古人的墓碑上看到这句话的时候，我的第一反应就是这个墓志铭肯定是现在的人加上去的。

当今社会，"英雄"似乎是一种遍地开花的东西，而在古代，"英雄"这个称号是不能随便使用的。他们不说某个人是英雄，只说他都做了些什么事情。

古人描写的都是人的本来面目，所以我们看得出他确实是一个人。在万人大撤退的过程中，有几个战士由于奸细的出卖而丧失了性命。在追悼他们的时候，色诺芬说道："他们死了，但他们没有玷污战争和友情。"

多么简短的一句赞词，可任谁都能读出其中所饱含的深情。

赛莫庇勒的石碑上刻着这样一句话：

路过的人啊，请转告斯巴达人，我们遵照他们神圣的法令长眠在这里。

一眼便知，这句话绝非出自那些从事碑文研究的现代学者之口。

虽然我的学生在措辞上的造诣不深，但他还是注意了这点差别，并且对那些书籍加以辨别的能力的。否则的话，那就表明我做错了。

当他听到狄摩西尼的雄辩的时候，他一下子就能判断出这个人是个演说家。当他读到西塞罗的作品的时候，他也能立即猜出这个人是个律师。

相对于今人的著作，爱弥儿更倾向于读古人的著作，原因很简单，因为古人的人生更接近自然。从古至今，人类的理性没有取得多大的发展，有所得必有所失。

所有人都是一样的，我们花心思去学习别人的思想，就没有时间去培养自己的思想。就这样，我们学到的知识越来越多，所拥有的理性却越来越少。

我带他去剧院，并不是为了让他从戏剧中学到多少大道理，而是为了培养他的审美趣味。戏剧中所有人物的审美趣味都逃不过一只有思想的眼睛。

我要跟他说："我们要学习的不是戏剧中那些所谓的寓意和箴言。"戏剧不是用来教人真理的，而是用来娱乐大众的，再没有一种能像戏剧这样在给人带来乐趣的同时还能触及人的心灵的艺术形式了。

　　研究戏剧，就要研究诗歌。如果他对诗歌有兴趣的话，那他肯定也乐意去学诗的语言：拉丁文、希腊文以及意大利文。研究这些语言不仅是一件很享受的事情，而且也会让他终生受益。

　　以他现在的年龄以及所处的环境，任何美的事物都可以让他沉醉。所以，对他来说，这些语言的研究会是一次非常美妙的旅程。

　　如果爱弥儿和一个在学校读书的孩子同时去读《伊尼依特（第4卷）》，或者提布路斯的诗歌，或者柏拉图的《会饮篇》，他们的感受该有多大的差别啊！让爱弥儿大发感慨的那些内容，那位孩子却无动于衷。

　　放下你的书本吧，可怜的孩子！我希望你能从语言的学习中收获快乐，而不是埋头其中。除了做一个感情丰富的人，你还要做一个头脑睿智的人。

　　此外，我不关心他能不能在语言、文学或者诗歌的研究方面取得成就，就算他一无所获，我也不会对他妄加指责。我对他的教育重点不是让他对这些用来消遣的东西有多深的领悟。

　　我的主要目的在于，让他在感受美的事物的同时，把自己的感情投注到这些事物上，以免他自然的爱好发生扭曲，从而把金钱作为谋求幸福的手段。

　　我在前面提到过，所谓审美无非就是对一些琐碎的小玩意儿进行鉴赏的艺术，既然这些小玩意儿可以增加我们的人生乐趣，那我们不妨多花些心思在这上面。对这些小玩意儿的鉴赏可以让我们培养起发现身边事物的美的能力，进而用这种美去丰富自己的生活。

　　道德上的善来自人的心灵深处，所以我所提及的不是这种善，而是一种抛离了个人偏见的感性的美，能带给人真正的感官享受的美。

　　时间一天天地过去了，我们仍然没有找到苏菲。正是因为我不想让他过早地找到这个女人，所以我明知道她不在那里还要带他去那里找。

如果现在她还不出现的话，爱弥儿就会把另外一个女人当成她，等他发现自己错了的时候，一切都已经来不及了。

现在到了让爱弥儿离开巴黎的时候了。巴黎，这座举世闻名却又乌烟瘴气、熙攘嘈杂的城市，这座剥夺了女人的贞操，败坏了男人美德的，再见吧！我要带他去寻找真正的爱情和幸福了。离这座城市越远，我们就能越快达到目标。

第五卷

婚 姻

　　如果说青春是一场戏，那爱弥儿的青春之剧还没有结束，现在他正在上演最后一幕。

　　单独生活对一个成年男子的成长是不利的。爱弥儿已经是个成年男子，所以我要给他找一位伴侣，这也是之前我答应他的。这个伴侣就是苏菲。要找到苏菲，我们首先必须知道她是怎样的人以及她在哪里。

一、两性教育的差异和女孩教育的关键

» 性别差异

苏菲应当是个成年女子，而且是个典型的成年女子，就像爱弥儿是个典型的成年男子一样。苏菲应当具有所以女人的特征，包括身体上和精神上的，当然也包括她作为一个女人要履行的各方面的职责。接下来，我们来分析研究一下男性和女性之间的差异。

如果排除男性和女性在性方面的不同，男人和女人是没有差别的。他们的身体器官、对生活的需要以及工作学习的能力都是一样的。

无论从哪个方面来看，他们都只不过是在相同的地方存在着一些差异。从所有涉及性的方面来看，男性和女性有着非常多的不同，但这些不同处处发生着关联。

但是有一点，在男女的体格方面，哪些是属于性的，哪些不是属于性的，我们很难界定。我们所能肯定的只有一点，那就是他们在性方面存在着差异。

由此看来，男人和女人之间既有许多相同的地方，也有不少差异，这不得不让我们感叹造物者的神奇，它创造的男人和女人在体格上如此相似却又如此迥然不同。

不管是相同之处还是不同之处，它们都对人的精神和道德产生了影响，而且这些影响非常明显，这和我们日常研究的结果相吻合，由此也产生了一些有关性别优越以及性别不平等方面的争论。

显而易见，这些争论完全是没有意义的，因为生活在大自然中，不管是男性还是女性都有他们特有的目标和方向。

　　试想一下，如果男人和女人的性别特征差异再小一些的话，那他们的生活反而不能像现在这么和谐了，因此男性和女性之间是完全没有可比性的。就相同的方面来说，他们是平等的；就不同的方面来说，做对比是没有意义的。

　　任何一个完整的男性个体和女性个体在肉体上和精神上都是不一样的，完全相像根本就不存在。

　　在两性的结合中，男性和女性有着共同的目的，同时也都在为达到这个目的而努力，但是他们所使用的方式是不同的，这就决定了两性精神关系的不同。

　　第一个值得注意的差别就是，一个是主动的，一个是被动的。主动的一方身体强壮，被动的一方则显得柔弱。主动的一方意志强大而且富有力量，被动的一方则顺从或者有些许的反抗力量。

　　在承认这个理论的前提下，我们来说说两性之间的第二个差异吧。女人的身体和容貌是用来取悦男人的。相反，男人也需要取悦女人，只不过他们取悦女人的方式不是那么直接。男人的优势在于他们拥有强分健的体魄，他们的力量就是取悦女人的最好的资本。

　　在两性之间的相互取悦中起作用的不是爱情法则，而是自然法则，自然法则要比爱情法则更加持久和稳固。

　　如果说女人天生就是为了取悦男人的话，那她们存在的意义就在于成为男人的附属品并让他们感到愉悦，而不是让他们感到不快。

　　女人要用她们的魅力激发男人的力量，让男人发现自己的力量并运用这种力量，而女人激发和转化这种力量最好的方式就是必要的微弱的抵抗。

　　抵抗能让男人的自尊心和欲望融合为一体，男女双方在对彼此的战胜中获得成功的快感。男性和女性是进攻和防御的关系，男性的进攻强大而勇猛，女性的抵抗则微弱而无力，直到最后大自然的法则发挥作用，上帝把贞操和羞耻作为武器赐予弱者以让她去战胜强者。

　　其实，上帝赐予了每一个人荣辱心，他在赐予人类无穷的欲望的同时又赐予了人类调节欲望的权利和方法，让人类既能获得自由，又能很好地控制住自己。

它既赋予了男人旺盛的情欲，又赐予他们强大的理性来控制自己的行为，它既让女人拥有无限的春心，又用贞操和廉耻之心来控制她们春心的泛滥。

对于男性和女性的结合，女性总是表现出反抗和防卫的姿态，不管女人是不是和男人一样愿意享受性带来的欢乐，不管女人是不是愿意用身体去取悦男人。但是，在不同的时刻，这些反抗和防卫的程度也是不同的，而且也不一定是为了取得成功。

进攻的一方想要获胜，防御的一方就要把控和带动进攻者进攻的方向和强度。女人有的是办法来刺激和把握男人的进攻，对于男性和女性的结合，自然法则和人的理性都不允许使用暴力，在这种温柔和自由的行为中怎么能容许暴力的出现呢！

大自然赋予弱势的一方足够的力量，好让她们在必要的时候进行反抗，这样暴力就不会出现。同时，人的理性在这方面也是反对暴力的。强迫性的性行为是一种粗野的行为，和野兽无异，而且这种行为本身也与性行为的目的相违背。

男人这样做是缺乏对女人起码的尊重的表现，同时也是在向伴侣下挑战书，激发伴侣自我保护的力量，她们为了保卫自己的身体和自由甚至可以将性侵者杀死。

从另一个角度来说，只有受侵害者自己才能判断自己的处境。与此同时，如果说一个男人以强迫的方式让女人生下孩子而使自己成为父亲，可以这样说：这个孩子根本就没有父亲。

如此一来，男性和女性之间体质上的差异让我们得出了第三个结论：他们的强势只是表面上的，事实上，他们对弱势的一方有依赖性。

得出这个结论并不是因为男性习惯于向追求的女性献殷勤，也不是因为男性凭借自己的力量处于保护他人的地位而表现出宽容的一面，而是由自然法则决定的。

自然法则可以轻而易举地引起男人的性欲但又不让他的这种欲望得到满足，而男人要满足身体上的欲望，就要尽力取悦女人，以女人的兴致为兴致。不管男人喜不喜欢这样做，他都要这样做，以便让女人心甘情愿地承认他们。

对于男人而言，最美妙的感觉是他们自己的胜利是因为女人向他们的力量做出让步，还是女人心甘情愿地听命于他们，而女人往往很狡黠地把这个谜团作为一个秘密让男人猜测。

在这点上，女人的信心和她们所拥有的体质是相吻合的。她们柔弱，可她们非但不以此为耻，反而还以此为荣。

她们娇嫩的身体缺乏抵抗力，甚至连最轻的物品都拿不起来，如果一个女人长得膀大腰圆，力大无穷，这对女人来说才是可耻的。

为什么呢？一方面柔弱的女人显得婀娜多姿，另一方面，同时也是最重要的一方面，这种柔弱也是一种防卫，她可以以此为借口，在适当的时候将之拿来当作自己不去从事某种行为的挡箭牌。

至于性方面，男性和女性是彻底不平等的。男性在一些特定的时候才扮演男性应有的角色，而女性从始至终都在发挥的作用，至少她们在青年时期是这样的。

无论任何事情都会让她们想起她们作为女性的身份，同时，为了更好地发挥这个身份的作用，她们需要一个与之相适合的体质，即柔弱的身体。女人在孕期需要被照顾，在坐月子期间需要充足的休息，在喂养孩子期间需要静静地修养。

她需要耐心和细心去养育孩子，需要超越任何人的坚强和热情去爱孩子，她们是联系孩子和父亲之间的使者，只有她才能让男人爱孩子，并让男人确认他才是孩子的父亲。为了维持家庭的和谐，她需要付出比男人多得多的耐心和心血。

她所做的这一切必须是出于自己的乐趣，而非道德上的要求。否则，人类将无法维持社会，更无法繁衍后代。

在《理想国》中，柏拉图提出女人也应该和男人一样进行身体上的训练。他取消了家庭这一组织，却没有想好该把女人安置在什么地方，于是他只好把女人锻炼成男人。

柏拉图的确是个天才，关于这套理论，他的论述很详细，也很精彩，甚至他还预见到了可能会有人对他的理论提出反对意见，但他却忽略了真实生活中的反对声。

在这本书中，我不打算对柏拉图的这套理论做过多的讨论，人们在这个问题上指责他，大多是因为人们没有读懂他的理论。

在这里，我要说的是，让男人和女人两种不同性别和不同体质的人去做同样的事情，担负同样的职责，这样的社会分工设计忽视了他们之间固有的差异，牺牲了人类最原始也是最朴实的情感，这是多么虚伪、做作的行为啊！

» 两性教育的不同

由于男性和女性在情感上存在着很大的差异，那对他们就应该采取不同的教育方式。按照自然法则，男女要有明确的分工，但彼此之前却是互相合作的关系。爱弥儿已经按照自然法则成长起来了，现在是他开始学习如何做一个合格的伴侣的时候了。

只有严格按照自然法则行事，我们才能保持正确的方向。男女之间的性别差异是天生的，我们必须予以尊重。或许你会这样说，看看那些女人，她们里里外外到处都是缺点，可这些缺点完全不存在于男人身上。

我想说，你的这些偏见迟早会把你引入歧途，女人的缺点或许正是她们的优点，可以帮助她们完成很多男人做不到的事情。

就连女人自己也经常会对自己的性别产生抱怨。她们说，如果没有男人的话，她们不会变成像现在这样喜欢卖弄风情的人。她们还说，男人之所以拿一些小玩意儿去取悦她们，完全是为了控制她们，把她们变成自己的附属品。

这种论调简直太霸道了。在对女孩子的教育中，母亲扮演着很重要的角色，而男人则很少插手她们的成长过程。她们的卖弄和打扮完全是受到母亲的影响，跟男人没有一点儿关系。

如果用教育男孩子的方式来教育女孩子，我想很多男人都会大加赞同。因为她们越是像男人那样行事，就越不能控制男人的心。这样，男人就会牢牢地霸占主人的地位。

人类所有的能力并不是平均分配给男人和女人的，而是让他们实现能力的互补。女人要想实现自己的价值，就得做自己的分内之事。相反，如果让她们去做男人做的事，就是对她们的能力的一种浪费。

作为一个明智的母亲，你绝不能把你的女儿当作男孩来培养，而是告诉她，身为一个女孩就应该按照女孩的方式去说话办事，这样做的话不仅有利于她自己的成长，而且对别人也有好处。

这是不是说要把她培养成除了做家务活儿之外对什么都漠不关心的管家婆呢？这是不是说男人就可以扼杀她社交的天赋，把她变成自己的奴隶呢？这是不是说男人就可以随意驱使她，不让她去接触新的事物呢？

如果你这样认为的话就大错特错了。大自然既然赋予她如此聪慧的头脑和如此纯洁的心灵，就不会允许上述情况发生。大自然会像培养她的身体那样去培养她的心灵，以让她拥有独立的思考、判断以及认识事物的能力。

大自然在剥夺了她强壮的身体的同时也赋予了她新的武器，好让她能够征服男人的心。她们不知道的东西太多了，但在学习的时候要有选择。

考虑到女性特殊的天职和义务，对她们所选用的教育方式一定要适用于她们。男人和女人都是为对方而生的，但双方的依赖程度不同。

男人依赖女人，是因为女人能满足他们的欲望；女人依赖男人，除了男人能满足她们的欲望之外，还能满足她们的需要。

所以说，一个没有女人的男人要比一个没有男人的女人更容易生活下去，也生活得更好。没有了男人的帮助，女人就不能发挥自己的作用。女人对男人的依赖是很强的，包括男人的情感以及对她们的能力的肯定和对她们的魅力的尊重。

无论是她们自己，还是她们的孩子，都要倚仗男人做出评价，这是自然的法则，不是人为的规定。她们值得别人的尊重，也需要得到别人的尊重；她们生得美丽，也需要得到别人的赞许；她们充满智慧，也需要得到别人的欣赏。

给她们带来荣耀的，除了她们的行为之外，还有她们的名声。所以说，**对女孩子的教育方式和对男孩子的教育方式是完全相反的**，因为对于男人来说，别人的评价会葬送他们的美德，而对于女人来说，别人的评价会促成她们良好品质的养成。

刚一出生的时候，孩子体质的好坏取决于他们的母亲。同样，其最初所受的教育也来自他们的母亲。男人的趣味、欲念、道德、快乐以及幸福都与女人息息相关。所以，对女孩子的教育要以男人为中心。

要让她们懂得如何去取悦男人，如何去帮助男人，如何得到男人的爱情和尊重；在男人小的时候，女人要抚养他们，等他们长大成人后，女人要照顾他们，给他们建议和安慰，让他们过上幸福快乐的日子。

这些都是一个女人的分内之事，也是对女孩子进行教育的主要内容。

二、10岁前，女孩的身体发育要先于精神塑造

» 完美身材的塑造

喜欢打扮是女孩子的天性。这几乎是所有女孩子的心思：长得漂亮是远远不够的，要别人觉得她们漂亮才行。

不信的话，你看看她们的神情就知道了。等她们到了能够理解别人的话的年纪，只要你对她们进行评价，你就能轻而易举地控制她们。

不过，如果用同样的方式对待男孩子的话，你就不会收到这样的效果。因为男孩子只在乎自己玩得高不高兴，从来不会把别人的看法放在心上，所以说，要想让男孩子听你的话，你可得大费一番心思。

身体的发育要先于精神的塑造，所以要先对身体进行培养，无论男女，这一点都是相同的，不同的是男女培养的侧重点：男孩子培养的是体力，女孩子培养的是魅力。

但这两者并不冲突，只是男女培养的次序是颠倒的。因为女孩子只有足够的力气，才能更好地去做自己想做的事；男孩子只有变得灵巧些，才能收到更好的办事效果。

对于女人来说，虽然没有必要像男人那样强壮，但身体的锻炼也是必要的，因为如果她们太柔弱的话，生出来的孩子也不会健康到哪儿去。

寄宿在修道院里的女孩子虽然每天吃的都是粗茶淡饭，但她们的活动量比较大，经常到屋子外面或者花园里玩耍，所以她们的身体素质很好。

而那些整天被关在屋子里的女孩子虽然每天都能吃到有营养的饭

菜，但只能待在屋子里，没有母亲的允许，她们不敢私自出去自由地打闹跑跳，活泼好动的天性全部被扼杀了。

看看她们的样子吧，或呆板，或懒散，或自负。这种教育方式完全与理性相悖，丝毫不利于她们的身心健康。

不良的风尚是导致所有束缚孩子的天性的行为的罪魁，也是其身体软弱、心灵萎缩的原因。生命、健康、舒适和理性，这些才是生活的重中之重。

一个失去自由的人不可能具有端正的品行，一个整天病怏怏的人也不会散发出迷人的魅力。柔弱只能导致别人对你的同情和怜悯，而健康却能给自己和他人带来喜悦和快乐。

》 女孩的布娃娃情结

许多游戏都是同时适合男孩子和女孩子去玩的，这一点并不会随着他们年龄的增长而发生改变，可他们不同的爱好也有很多。

比如说男孩子总是闲不住，他们喜欢运动和打闹，抽陀螺、推车子以及打鼓等都是他们热衷的，而女孩子则钟情于好看的或者可以满足她们打扮欲的东西，镜子、珠子、花边以及布娃娃等都能哄得她们很开心。

我要单独强调的是布娃娃，因为几乎没有女孩子能够抵抗这种小玩意儿的诱惑。在女孩子的观念中，取悦他人可以说是她们一生的事业，而取悦他人的最好的方式就是打扮，而打扮又是她们最擅长的一种艺术。

给女孩子一个布娃娃，她可以不厌其烦地玩上一整天。她不断地给布娃娃换着各种装扮，衣服穿了又脱，饰品卸了又戴，丝毫不在意好不好看。她的手指很不灵活，审美趣味也很差，可她那种爱打扮的倾向已经表露得很明显了。

或许你会说，"她打扮的仅仅是一个布娃娃而已，这不能说明什么问题"。的确，她打扮的对象不是她自己，可这是因为她还太小，自我意识还没有被激发出来。

她还没有打扮自己的能力和体力，所以只能把全部的心思花在布娃娃身上。她对布娃娃的怜惜其实就是对自己的怜惜。这样的状态不会持续很长时间，很快，那个布娃娃就会被她自己取代。

她最初的爱好就体现在这种行为中，不要阻止她这样做，你只要对她稍加指导就可以了。她一门心思地钻进打扮布娃娃的游戏里，给它扎蝴蝶结或者系围巾，可这些活儿都是她力所不能及的，她想如果自己学会做这些东西就好了。

所以说，教她们做针线活儿是别人的好意，没有人强迫她们去学习，完全是出于她们自己的意愿。相对于读书写字，几乎所有的女孩子都对手里的针线更感兴趣。她们希望自己能够赶快长大，好有能力自己去打扮自己。

一旦形成了这种心思，之后的学习就容易多了。那些成年女子大多喜欢精美的壁纸或者窗帘以及家具等，可这些东西却丝毫不能引起小女孩的兴趣。除了针线活、打花边、绣花，她们对什么都不关心。

这让我想到了这样一个办法：既然她们喜欢打扮，那我们何不把她们这个爱好引向画画？要知道，她们对画画和打扮有着一样的心理动机。

可我不希望让她们学习画风景或人物，只要能够把树叶、花草以及一些服饰图案画出来就够了，因为这些画有助于培养她们对服饰的审美眼光，从而找出符合自己的趣味的一种或者几种，然后将之绣出来。

孩子们都应该只学习对他们有用的知识，女孩子尤其如此，因为虽然女人不用去干繁重的体力活儿，但她们所操心的领域要比男人多得多，而且很容易顾此失彼，这就让她们没有机会抛开自己的天职而去做自己所中意的事情。

男人和女人都具有理性。相对于男孩子，女孩子的性格要温顺些，所以对她们的管教可以严一些，但这并不意味着我们有权利让她们去做那些对她们没有丝毫益处的事情。在做每一件事情的时候，你都要告诉她们这件事有什么作用，这是一个做母亲的分内之事。

这一点不难做到，因为女孩子的心智比男孩子成熟得要早。无论是女孩还是男孩，我们都不应该教他们无用的知识，或者只对未来有用的知识。在一个女孩子还不知道读书的用处的时候，就不要让她整天泡在书堆里，就好像不要让一个男孩子过早地接触书本一样。

如果不读书的话，难道让她们去做家务活儿吗？你完全没有担心的必要，等她们想学了或者有机会学了，不用你去教，她也会主动地去学。

她们最先掌握的一门知识应该是算术，因为无论在什么时候，算术都不会是无用的，而且只有花很长时间去练习，才能保证不出错。

如果你对她们说，只要她们算对了某道题目就可以吃到樱桃，我敢保证，她们会算得又快又好。

» 懒惰和叛逆的防御之道

在要求她做某件事情之前，你一定要告诉她这样做的意义，并且叮嘱她一定要做好。女孩子最大的缺点就是懒惰和叛逆，而且这两个缺点一旦形成想改变的话就难了。

对于一个女孩子来说，仅仅拥有细心和勤劳的品质是远远不够的，她还必须要服从管教才行。如果说这会让她感到痛苦的话，那这种痛苦就是她必须承担的，甚至一生都不能将其摆脱掉。

不过，只要让她们习惯了这种管教，她们就不会觉得痛苦了。不要让她们整天沉浸在胡思乱想之中，这样她们就会变得越来越温顺。不要总是让她们处于忙碌的状态中，给她们适当的清闲的时间。只要教给她们自我克制的本领，她们就不会变得轻佻放纵。

要让女孩子知道，不能忽视大自然赋予她们的职责而整天耽于玩乐。费纳隆曾经说过，一般的教育方法不但没有让女孩子意识到自己的职责，反而更加让她们喜欢玩乐。

只要能够和周围的人玩到一起，女孩子就会非常反感干活儿。相反，如果女孩子看到她们非常喜欢的母亲或者朋友在一个劲儿地忙碌着，她们就会很高兴地加入到她们的劳动中来。女人天生就处于从属地位，所以必须让她们学会服从和温顺。

由于女孩子拥有的自由是极为有限的，所以，她们更渴望发挥自己的自由，与男孩子相比，她们更热衷于玩游戏，而且在游戏中也玩得更起劲。必须对她们的任意妄为加以限制，否则的话，她们很容易养成反复无常的脾气。

对于有着这种缺点的女孩子来说，她们今天热切地想得到的东西，到了明天就会弃之如敝屣。这种习惯和做事极端一样，对她们是极为有害的。

当然，我的意思并不是要剥夺她们游戏、嬉闹的权利，而是想让她们知道，千万不能因为喜欢上了新的游戏就对原来的游戏嗤之以鼻。千万不能放松对她们的管束，甚至终其一生，都要让她们生活在别人的视线范围之内。

要让她们养成这样的习惯，即就算自己玩得再高兴，只要有人吩咐，就得毫无怨言地去完成。这一点与她们的天性是相符的，所以很容易做到。

一个习惯了在别人的约束下生活的女孩子，她必然拥有这个美好的品质：温顺。这是她形成的第一个也是最重要的一个品质。

因为那些和她生活在一起的或者生活在她身边的男人很少有完美的，他们大都存在各种各样的毛病与恶习，所以女人必须要学会忍受，在受到不公正的待遇的时候也不能有丝毫怨言。可她的温顺不是为了迁就别人，而是为了成就自己。

如果她总是任性和胡闹，那她不仅得不到丈夫的爱，还会让丈夫养成越来越多的坏毛病。男人就应该有男人的样，女人也应该有女人的样，如果男人太过软弱，女人就会变得太过强势。不过，如果一个女人足够温顺的话，男人迟早会向她俯首称臣。

要想让女孩子变得温顺，母亲不能一味地采取强硬的措施，良好品质的培养不能以牺牲她的快乐为代价。有时候，她适当地顽皮一下也没有关系，只要她不是反抗"温顺"本身就可以。

我们没必要要求她事事顺从，而是要让她养成顺从的习惯。机敏是大自然赋予她的禀赋，我相信，凡是自然的东西就必然有其合理性，所以我们要对这种禀赋予以充分的重视，在培养这种禀赋的同时，还要防止她将之滥用。

凡是自然法则必然是对我们有用的，所以我们都应该遵从。虽然女人没有强健的体魄，但上帝却用机敏的头脑补偿了她们，如果连这一点也丧失掉，女人就不会成为男人的伴侣，而只能当男人的奴隶。

凭借这个优势，她们获得了和男人平等的地位，甚至把她们表面上的服从变成了实际上的支配。并不是每个女孩子都天生丽质，而且就算她们长得再漂亮也会随着年华的逝去变老，所以说，只有机敏才是女人唯一可以长期依靠的资本。

我所说的"资本"指的不是她们在社交场合里为了取悦他人所使用的伎俩，而是一种能够让她们适应并很好地扮演她们的性别角色的品质，也是一种能够让他利用男人的地位或者优势为自己谋取好处的艺术。

女人的机敏能够成就很多的事情，但很少有人能意识到这一点。它可以让女人在与男人的交往中散发出迷人的魅力，也可以帮助女人把家庭管理得头头是道，让孩子变得不再乖戾，让丈夫变得不再粗暴。

当然，机敏也会被那些行为不端的女人所利用，做出一些遭人唾弃的事情，不过话又说回来，世界上有什么东西没有被人滥用过呢？

我们不能因为它可能带来的伤害就不顾它肯定会带来的好处，只有借助它的帮助，我们才能走上通往幸福的道路。

三、10岁后，女孩教育要以品行修养为主

》 修饰和愉悦的艺术

华丽的着装可以吸引别人的眼球，但一个女人要想得到别人的喜爱，要有很好的人品才行。衣服再漂亮，可它终究不属于我们本身。越是朴实的着装，越能引起别人的注意。

千万不能教育女孩子太过注重外表，不能把衣饰作为对她们的奖励，更不能刺激她们对华服的欲望。就算她们衣着光鲜，也不要夸赞她们说："你今天的打扮好漂亮。"

我们要让她们形成这样的观念，即衣服能够在掩盖住身体缺陷的同时让美丽得到彰显就可以了。我真替那些浓妆艳抹的女孩子担忧。我实在弄不明白：何必用脂粉将自己的脸庞遮盖得严严实实的呢？朴素大方不也是一种美吗？

在女孩子的成长过程中，她们最先了解的一件事情应该是：相对于光鲜亮丽的外表，内在的修养要重要得多。美丽不是打扮出来的，魅力也不是靠一朝一夕就能修炼出来的。

在平时的生活中，她们可以着重培养优雅的气质，说话的声音要动听，举手投足要大方，待人接物要有礼。

随着年龄的增长，她们的口齿会越来越伶俐，身体会越来越圆润，手臂会越来越丰满，脸上的表情也会越来越自信。这时候，她们就会懂得，不管打扮成什么样子，自己都会是人们的焦点。

这时候，她们开始意识到自己不能整天待在家里做针线活儿了，而是需要去培养一种新的才能，这种才能会给她们的生活带来巨大的变化。

在那些恪尽职守的老师们看来，教女孩子唱歌、跳舞或者其他娱乐身心的艺术是很浪费时间的事情。在他们的观念中，"唱世俗的歌曲无异于犯罪，跳舞是魔鬼发明的花招儿，除了做活儿和祈祷，女孩子不需要其他的消遣活动。"

让10岁的女孩子整天干这个，天知道他们是怎么想的！我很担心，如果从小就让她成为上帝的信徒，天天对着上帝祷告，等她长大成人有了行动能力之后，她绝不会再继续这样做。等到结了婚，她们一定会尽情地玩乐嬉戏，以弥补那没有快乐的童年。

我们绝不能让她重复她的祖母的人生，在给她某件东西的时候，我们不仅要考虑它是否适合她的性别，还要考虑是否适合她的年龄。

她的童年应该充满欢声笑语，尽情地舞蹈唱歌。让她尽情地去玩那些天真无邪的游戏吧，因为她必须端正举止的时刻马上就要到来了。

很多种艺术形式都是用来娱乐身心的，可人们却在其中掺入了太多的规则，将之变得无聊又乏味，让年轻人提不起丝毫兴趣。比如说，不识谱就不能唱歌吗？就算一个音符也不认识，一个人照样可以把歌唱得委婉动听，富有表现力。

还有，同一首歌或者同一种唱法是不是适合所有人呢？让一个活泼可爱的棕发女孩和一个郁郁寡欢的金发女孩去跳同一支舞蹈，做同一种动作，真的很难想象那会是怎样的一种场面。

如果老师不顾学生的个体差异，用同样的方式去教导她们，我敢说，这位老师肯定是个照本宣科的老学究，并且一点儿也不精通他所教授的这门艺术。

经常有人问这个问题：应该由女老师还是男老师来担当教育女孩子的任务呢？我觉得这个问题没有必要，因为如果她们有兴趣的话，就算没有人教，她们也会主动去学习。

如果这门艺术是以娱乐身心为目的的，那她们的老师可以是任何一个人：父母、兄弟、姐妹、保姆、朋友甚至镜子，其中最重要的就是她们的兴趣。

这种兴趣主要源于天性和勤劳。在这种兴趣的驱使下，她们会热情地拥抱任何一种美的观念，并最终形成与之相关联的道德观念。这就是女孩子比男孩子懂事早的原因，我必须强调一点，他们良好品质的形成跟学校的教育没有丝毫关系。

在所有的娱乐身心的艺术形式中，说话的艺术是最重要的一种，它可以在很大程度上提升感官对象的魅力。

人的心灵与身体是相通的，美好的心灵可以给身体增加活力，甚至可以让人恢复青春。通过对感情和观念的培养，心灵让我们呈现出丰富多彩的表情；通过对语言能力的培养，心灵让我们产生把注意力集中于一个目标上的兴趣。

女孩子之所以很早就会说一些讨人喜欢的话，我觉得就是以上原因。虽然从没有感受过她们所说的那种感情，但她们照样可以把话说得委婉动听。

虽然女孩子不能理解他们的心意，但男孩子还是愿意听她们说话。他们随时都在伺机窥探着，以便洞察女孩子在什么时候才开始流露她们的情感。

相对于男孩子，女孩子的舌头要柔软和灵活得多，因此她们学说话的时间早，学得也快，声音也很动人。人们经常责怪一个女孩子，嫌她的话太多了。相反，我不但不厌烦她们，而且还要表扬她们。

男人只说有用的事情，这就需要他们具有一定的知识储备；女人只说有趣的事情，这就需要她们具有风趣的品质。虽然两者的语言有很大的差异，但必须遵循同一个准则，即说话要有根据，千万不能撒谎。

所以，当一个女孩子在你的面前不停地唠叨的时候，你切不可用一句"这有什么用呢"去堵住她们的嘴，就像对待男孩子那样。你要对她们说"这有什么效果呢"，要知道，这句话同样让她们难以作答。

在还没有区分是非善恶的能力或者还不会揣测别人心意的年纪，她们就已经培养起这样一种说话的法则：无论说什么都一定要能讨人喜欢。但这个原则很难贯彻到实践中去，因为这个原则有一个前提，那就是不能撒谎。

» 宗教教育

跟男孩子一样，这个年龄段的女孩子对宗教没有概念，而且也没有认识宗教的能力。有鉴于此，我建议现在就给她们讲什么是宗教，因为等她们有了谈论这些玄妙事情的能力之后再去跟她们讲就来不及了。

就好像女人的行为要受到社会习俗的约束一样，她们的信仰也不能由自己选择。结婚之前，她们的信仰要跟母亲一样，结婚之后，她们的信仰要跟丈夫一样。对于这些事，她们没有自己的判断力，所以她们会像信仰父亲或丈夫所信仰的宗教一样去听从他们的话语。

在向女孩子灌输宗教思想的时候，千万不能让她们对宗教形成阴森恐怖或者乏味无聊的印象。宗教信仰不是她们的分内之事，她们没必要非得履行这样的义务，所以不要强迫她们去背诵教义或者祷告文。

当你祷告的时候，你可以让她们过来观看，但不能强求她们和你一起做。还有，你一定要谨遵耶稣基督的教导，祷告词要简单精练，神情要肃穆庄重。

在女孩子小的时候，重要的不是她们信不信仰宗教，而是有没有正确理解宗教、发自内心地去热爱宗教。

如果你借着宗教的名义强加给她们各种各样的义务，让她们觉得宗教是自己的一切负担的来源，而且还不能心生对上帝的抱怨，再加上你从来不去做你要求她们去做的那些事情，想想吧，她们会对你形成多么糟糕的印象！

你要以身作则，给她们树立榜样，否则的话，你就没有资格去教育她们，更不可能把她们教育好。

在给女孩子上宗教课的时候，你进行单方面的讲解就可以了，不要采取问答的形式。如果答案是预先设定好的，她们就没有作答的必要了。除非是要她们说出自己内心的想法，否则的话，不要总是向她们提问。

教义问答不但不会收到预想的效果，反而会出现她们教育你的情况。她们根本就不懂，可你硬要她们回答；她们根本就不相信，可你硬要她们赞美。因此除了说谎，她们别无选择。

教义问答的第一个问题通常是：是谁创造了你，又是谁把你带到这个世界上来的？面对这样的盘问，她们明知道答案是自己的妈妈，可她们却毫不犹豫地回答是"上帝"。尽管她们不知道为什么是上帝，但教义课本是这样说的，她们就只能这样回答。

要是有一个了解儿童心理的人专门给她们写一本教义课本就好了。在教义课上，她们可以按照内心的想法作答，并且可以自由地进行提问，完全不用顾忌课本上的答案。

比如说，开篇的时候，新的教义课本可以构建这样一个问答场景：

阿姨：你还记得你妈妈像你这么大的时候的样子吗？

小女孩：那时候还没有我呢。

阿姨：你是说那时候你还没有出生？

小女孩：是的。

阿姨：你会永远活在这个世界上吗？

小女孩：我想会的。

阿姨：你现在是年轻呢还是衰老呢？

小女孩：我还很年轻。

阿姨：那你的奶奶呢？

小女孩：她已经很老了。

阿姨：你觉得你将来会不会变成她那样？

小女孩：我不知道。

阿姨：你的爷爷现在怎样？

小女孩：他已经死了。

阿姨：他怎么死的？

小女孩：他太老了。

阿姨：既然这样，那你以后……

小女孩：不要再说下去了，我不想死！

这样的问答可以无休止地进行下去，直到让她明白了人类的种族有开始也有结束，和其他的生物没什么不同。上至没有父母养育的父母，下至不再养育孩子的孩子，等她把这些事情都弄清楚了之后，我们再向她提出教义问答里的第一个问题。

第二个问题就该涉及神性的定义了，但这两个问题之间得有一个很长的时间跨度。上帝是神灵，可神灵又是什么？不要拿这样一个晦涩的形而上学的问题去为难一个孩子。

不过，她很有可能会问你这个问题。你可以这样回答她："我也不知道上帝是什么，他是看不见、摸不着的，但是他会做一些事情。我们要想了解他，首先得知道他都做了些什么。"

那些神秘的教义不过是一大堆丝毫没有意义的空话，所以除了其中涉及道德修养的几条，其他的全都抛弃吧。要让她们相信，只有那些有助于培养良好品质的教义才值得去学习。

千万别把你的女儿培养成神学家或者诡辩家，要让她知道她的一言一行都看在上帝的眼里，并且一生都要保持着微笑，就好像将来面见上帝时应有的表情那样。这才是对宗教的真正信仰，它能帮助人永远远离邪恶或者狂妄。

» 理性培养

需要注意的一点是，只要女孩子还没有成长到能够用理性或者情感唤醒良心的年纪，她们对是非的判断就会完全依赖于周围的人。

在她们的观念中，被允许做的就是对的，不被允许做的就是错的，所以说，相对于男孩子，给女孩子选择培养人以及她们所接触的人时要更加慎重。等她们有了独立的判断能力，就不能按照原来的方法教育她们了。

有一条法则诞生在人类社会的偏见产生之前，而且其他所有的法则的存在都要以这条法则为前提。它是对人类行为进行裁定的标准，凡是与之相违背的行为必将遭到别人的唾弃。

没错，这条法则就是内在的良知，即良心。**在对女孩子进行教育的时候，一定要从别人的评价和内在良知两方面入手，**否则的话，她们不可能形成健全的人格。

如果只注重良心而不在乎别人的评价，她们就不会拥有善良的心灵，更不会企图赢得别人的尊重。如果只注重别人的评价而不顾自己的良心，她们就会变得越来越虚伪，从而丧失自己的道德感，淹没在别人的话语里，最终沦为肤浅的女人。

因此，我们应该培养女孩子平衡这两者影响力的能力，好让她们不至于丢失了自己的良心，也不至于被社会的偏见左右。这种能力就是理性。

提到"理性"二字，一系列的疑问便会随之而来：女人需不需要理性？她们能不能拥有理性？拥有理性后她们会不会将自己生来的职责抛弃？培养理性是不是与她们天真的本性相违背？

无论男人还是女人，都必须通过理性才能了解自己的天职。相对于男人，女人更容易明白自己的天职是什么。

只要她们的信仰没有发生扭曲，也不排斥有人对她们内在的良知加以引导，而且也深知命运赋予女人的职责是什么，她们就会是对丈夫忠诚的好妻子、对孩子温柔的好母亲。

女人的行为受到别人评价和内在良心的支配，她们应学会如何在这两者之间进行调和，所以必须对她们的理性进行培养才行。

四、爱弥儿的理想伴侣：苏菲

》 苏菲的形象

　　终于到了让苏菲和爱弥儿见面的时候了。现在，我要描述一下这个即将给他带来幸福生活的女人的形象。我重申一下，我的目的不是打造神童，苏菲不是神童，爱弥儿也不是。

　　苏菲出生在一个美好的家庭，这造就了她善良、敏感的性格。由于敏感，她的心里经常出现莫名的波动。

　　她的洞察力很强，但对事物的认识不是很深刻；她性情温和，但情绪不是很稳定；她的长相不是很出众，但总是很讨人喜欢；她为人很热情，但从不会说那些虚浮的话。

　　当你初次见她的时候，不会觉得她有什么特殊之处，但当你接触她一段时间之后，就会舍不得离开她了。

　　或许，别人拥有的美好品质她没有，她拥有的美好品质也比不上别人，但当你对她的素质进行了综合考量之后就会发现，再没有比她更迷人、更可爱的人了。

　　存在于别人身上的缺点到了她身上就会变得不再让人讨厌，或许，如果她是一个完美无瑕的人就不会像现在这样招人喜欢了。她就是有这种让人着迷的能力，但你又说不出她吸引你的地方在哪里。

　　苏菲是一个很喜欢打扮的女孩子，而且也知道怎样去打扮自己。她不钟情于华丽的衣服，总是一副淡雅、朴素的样子。她不知道时下流行什么颜色，但她知道什么颜色适合自己。她看起来穿得很随意，但没有一个女孩子比她更在意自己的服饰。

她的打扮没什么特别的，但当她走在大街上的时候却能成为人群的焦点。她从不在人前显示自己的魅力，但正是她的掩饰让别人不得不去想象她迷人的样子。

苏菲是一个很有天赋的女孩子，她自己深知这一点，却没有过分地将之全都挖掘出来。她用甜美的声音唱着和谐的歌曲，用轻快的双脚迈着活泼的步子，用大方的态度对待每个场合遇到的每一个人。她觉得这些就足够了，没有必要在人前过多地展示自己的才能。

她的父亲是她唯一的音乐老师，她的母亲是她唯一的舞蹈老师。另外，她的那位风琴师邻居曾教她弹过几次风琴，不过后来一直都是她自己在练习。可她现在还不会识谱，对她来说，音乐只是一种爱好，还算不上才能。

苏菲最喜欢的也是别人乐意教她去做的就是身为女人的分内之事，甚至连缝制衣服这样没必要亲手去做的事情她都很感兴趣。所有的针线活儿她都非常熟练，不过她最喜欢的还是做花边，因为做花边的姿势很舒服，而且还可以锻炼手指的灵活度。

家务活儿更难不倒她。她不但做得一手好饭，炒得一手好菜，而且还熟知每一种蔬菜的价格以及如何鉴别蔬菜质量的优劣。她算账算得非常快，简直可以当她母亲的小管家了。

当然，有些家务活儿是她不乐意做的，比如说炒菜。虽然她喜欢吃美食，但却对做菜的某些细节感到厌烦。她也不喜欢打理菜园，她讨厌脏兮兮的泥土，而且也不喜欢化肥的味道，她的这些缺点源自母亲对她的教育。

她的母亲从小就教育她，女孩子一定要爱干净，这是大自然的命令。就这样，她把大部分时间都花在了保持自己身体的清洁上。

苏菲很聪明，但还称不上聪慧；苏菲考虑事情很周到，但还称不上深刻。与那些受过良好教育的女孩子相比，苏菲的语言没有过多的修饰，可凡是和她打过交道的人都会觉得她是个有趣的女孩子。

她说的那些话不是从课本上学来的，而是从父母的谈话中领悟出来的，或者是从自己琐碎的生活中总结出来的。

苏菲太敏感了，她总是无法保持自己内心的平静，可她又太温柔了，从来不会做出让人难堪的事，说出让人难堪的话来。除了她自己，她不会去伤害任何人。

苏菲是有信仰的，她的信仰非常简单，而且也很合理。她既不遵从什么教条，也不做什么祷告，而是用自己的实际行动去证明什么是道德。一切善良的事情她都愿意去做，并且愿意将自己的整个生命以做善事的方式奉献给上帝。

为了让她养成恭顺而谦逊的品质，她的父母经常这样教育她："你现在没有必要去了解什么是宗教，等你到了能够理解这些东西的时候，你的丈夫会讲给你听的。"

他们很少对她进行没完没了的品德教育，而是以身作则，给她树立行为的榜样，让她自行去领悟，去模仿。

苏菲对于美德的爱是发自内心的，甚至美德已经成为了支配她行动的唯一力量。

她之所以爱美德，不光是因为美德是世界上最高尚的东西，而且还因为美德可以给女人带来无限的荣耀，赢得别人尊敬的眼光。

她之所以爱美德，是因为她觉得，美德可以把一个女人变成天使，给她带来幸福的生活。她看到过，那些不检点的女人个个都落得身败名裂的下场。

最后，她之所以爱美德，是因为她的父母不但拥有美德，而且还教育她要做一个有美德的人。他们因她的美德而骄傲，她的骄傲是用自己的美德给他们带去幸福。

在这些情感的刺激之下，苏菲内心的热情全部爆发出来，灵魂也提升到一个新的境界。每当她出现不良倾向的时候，她的内心就会有一个声音阻止她继续这种行为。

在内心深处，苏菲已经发誓，自己终身都要做一个有贞洁、有情操的女人。

无论是判断力，还是其他各方面的发展，苏菲都已经像个成年人了，因此，当她15岁的时候，她的父母已经不把她当小孩子看了。她的父母很快发现她的身上出现了那个年龄段的年轻人都有的躁动不安，于是他们开始采取措施阻止情况的进一步发展。

他们把她叫到跟前，打算跟她进行一次不忤逆她的想法的既和蔼又有意义的谈话。如果苏菲的性格正如我所描述的那样，那她的父亲肯定会以这样的一番话开始：

"现在，我们有必要建立一份协议，这份协议既能充分表达我们对你的尊重，又能重新定义我们和你之间的关系。

"通常的做法是：在为女儿选择丈夫的时候，父母会在形式上征求一下女儿的意见，决定权仍然在他们手里。可现在呢，我们让你自己去选择，只要在形式上征求一下我们的意见就可以了。

"苏菲，这是你的权利，你一定要加以明智地利用。你应该自己去寻找那个和你合得来的人。不过，在判断你们两个的条件是否合适的时候，我们有插手的权利，或许在这方面，我们比你自己更清楚你有没有遵从自己的内心。

"我们不会受到那些所谓的出身、地位、财富以及社会偏见的干扰。我们希望那个男人为人诚恳，人品要好，性格也和你相匹配。从自身考虑，我们非常愿意选择这样一位男人当我们的女婿。

"只要他勤劳刻苦，品行端正，而且热爱家庭，那他将来一定会事业有成。如果他所从事的职业能够因为他的美德而受到社会的尊重的话，他的社会地位就会得到提升。

"如果你真的能找到这样一位丈夫，就算全世界人民都站出来反对我们，可又有什么紧要的呢？我们最大的心愿就是你能够获得幸福，至于别人的看法，我们根本就不在乎。"

» 苏菲的理想伴侣：忒勒马科斯

那次谈话之后，苏菲的父母觉得苏菲不可能在他们的小村庄里寻觅到理想的伴侣，于是他们在一个冬天把苏菲送到城里，让她寄宿在一个姑母的家里，并且把他们的目的偷偷告诉了姑母。

苏菲的内心充斥着一股傲气，所以无论她多么想找一个丈夫，她也能克制住自己的情感。她宁可终身不嫁，也不会放下自尊主动去寻找那个人。

为了达成苏菲父母的心愿，她的姑母经常带她去别人家拜访，或者出入各种社交场合以及一些热闹的地方，好让她多接触些男人，更确切地说，是为了让男人多了解一下她。

对于那些容貌俊美但成熟稳重的年轻人，苏菲并不排斥他们，但她从不主动去接近他们，丝毫不给他们给自己献媚的机会。

虽然她不讨厌他们，但她也没有做他们的妻子的欲念。很快，城市里的生活就让她心生厌倦，她觉得还是农村适合自己，于是她回到了父母身边。

回到家之后，苏菲又重新开始了操持家务的生活，可她的状态大不如从前，开始变得闷闷不乐，焦躁不安。起初的时候，她的父母以为她有了意中人了，所以没好意思戳穿她的小心思。不过，她竭力否认情况完全不是他们想的那样。

苏菲的母亲苦恼至极，她想：既然她想要一个丈夫，可为什么不利用我们给她的权利呢？她为什么不主动去追求呢？曾经有好几个不错的小伙子来上门求婚，都被她一口回绝了。她这种复杂而又矛盾的状态实在是让人摸不着头脑！

"我是一个多么不幸的人啊，"苏菲对她的妈妈抱怨道，"我需要一份爱情，可我实在提不起对那些人的兴趣。虽然他们费尽心思让我注意他们，可我至今还没有遇到过一个让我燃起希望之后还能将这种希望维持下去的人。两个不能相敬如宾的人不可能长久地生活在一起！

"你的苏菲怎么可能会嫁给这样一个人！她早已经在心里刻画好了心上人的样子，只有和这样的人在一起，她才能感到幸福，而她也只想带给这样的人幸福。

"她宁可虚度光阴，随年华老去，孤独而不失自由地度过一生，也不愿和一个自己不喜欢的人生活在一起。让她忍受这种痛苦，她宁愿死去。"

说到这里，苏菲停住了。她的母亲有些纳闷，刚想让她继续讲下去，却见她默默地起身出了门。过了一会儿，她回来了，手里拿着一本《忒勒马科斯历险记》。

忒勒马科斯是苏菲非常喜欢的人物，她甚至一度陷于这种喜欢中不能自拔。

"人的心思真的是由意志决定的吗？"她问她的母亲，"为什么我会喜欢上一个虚构出来的人物，是我错了吗？"

"我知道根本就不存在忒勒马科斯王子这个人，我只是想找一个有着和他相似的品性的人。命运既然把我带到了世上，并且还让我感受到了那样的一颗心，可为什么不让我遇见那样的一个人呢？或许，这个人真的存在，他也像我寻找他一样在寻找着我吧。可他究竟是谁呢？他又在哪里呢？"

五、爱弥儿和苏菲：幸福来临的时刻

现在让苏菲回到爱弥儿的身边吧，这样她就可以恢复以前可爱的模样了。她就会收起无边的想象，过上幸福快乐的日子。同爱弥儿一样，苏菲也是自然的孩子，所以苏菲注定是他的妻子，他们两个是再合适不过的一对。

他们在出身上是平等的，只是苏菲拥有的财产不及爱弥儿。她不是一眼看上去就会让人喜欢上的那种女孩子，但随着对她了解的加深，他会深深地迷恋上她。只有和她长期相处过的人才会发现她的魅力，而这个人只能是她的丈夫。

苏菲所受的教育跟别的孩子没什么两样。她有一些爱好，但只是略知皮毛；她才华出众，但对技巧的掌握不够；她的判断力很强，但知识面不是很广。

苏菲没有太多的学问，但她很好学，而且学得很快。她就好像一块肥沃的土壤一样，凡是播下的种子，立即就会发芽生长。

她的人生就好像一张白纸一样，能够当她的老师是一件多么幸福的事啊！她不是她丈夫的老师，而是他的学生。她从来不会把自己的兴趣强加到他身上，却对他的兴趣尊重有加。

让他们见面的时机终于成熟了。

我们怀着沉重而失望的心情离开了巴黎，这座城市太过嘈杂，不适合停留太久。临走的时候，爱弥儿回头望了一眼，然后用轻蔑的语气说道："我白白地在这里浪费掉了这么长的时间。我理想中的伴侣，根本就不可能出现在这种地方！"

像两个游侠一样，我和爱弥儿走过一片片原野，但我们并不是为了冒险或者闯荡。我们所看中的不是从哪里出发，也不是在哪里结束，而是旅行的过程。带给我们最大乐趣的就是旅行本身。

我们不是像笼中鸟一样被囚禁的犯人，我们拥有享受美丽风景、呼吸新鲜空气的自由。除非是遇到紧急情况，否则我们不会乘车。我们之所以不着急赶路，原因只有一个，那就是慢慢地享受生活。

就我而言，步行是唯一比骑马更让人享受的旅行方式。一路上，我想走就走，想停就停，如果我愿意的话，还可以顺便考察一下沿途的风土民情。

遇到好玩的事情我就过去观看；遇到美丽的风景我就驻足欣赏；遇到小溪，我就在岸边徜徉；遇到森林，我就到树阴下漫步；遇到矿场，我就顺便研究一下矿石；遇到岩洞，我就进去看看有什么神秘事物。

累了的话，我就找个舒服的地方休息一会儿，等体力恢复过来就继续赶路。对于我来说，马夫和马匹都是多余之物。我是绝对自由的，可以随心所欲地选择是走宽敞的大路还是走静谧的小道。

徒步旅行是哲学家最中意的旅行方式，诸如泰勒斯、柏拉图以及毕达哥拉斯等，他们都有过类似的经历。

哪个喜欢农学的人不会停下脚步研究一下沿途的特产和耕种方式？哪个博物学家见到石头不会敲上几下，见到植物不会采集几株，见到乱石不去寻找化石。

那些城市里的博物学家整天钻进研究室里搞研究，他们的研究对象就是各种标本，虽然他们能叫出标本的名字，却对它们的性质一无所知。

爱弥儿的收藏简直比国王还要丰富，他的研究室就好像一个地球一样，里面什么东西都有，而且每样东西都有其固定的位置。要知道，凡是伟大的博物学家都有这样的作风。

除了带给人无穷的乐趣之外，这样的旅行方式还有助于增强我们的身体素质，培养我们良好的品行。当住宿的地方出现在眼前的时候，我们的心里是多么轻松。晚餐虽然很简单，但我们却吃得津津有味；我们疲累至极，可幸福的感觉却传遍全身。

如果只是为了到某个地方去，你可以选择乘车，可如果你想旅行，最好还是选择徒步。

我们继续着我们的旅程。有一天，我们走进了群山和幽谷之中，本来是为了欣赏那里的风景，可我们却迷了路。幸好我们遇到了一位善良的农民。他把我们带到自己的家中参观，还留我们吃了一顿饭。

他说："如果上帝肯指引你们的话，你们就能够到达山的那一边，那里住着一户忠厚、善良的人家，或许，他们会给你们更好的招待。"

第二天一早，与农民告别之后，我们就去寻找他所说的那户人家。傍晚的时候，我们终于到了那里，果然如农民所料，我们受到了热情的款待。

主人给我们安排了一间既舒适又干净的房间来住，房间里还生着火。爱弥儿不禁感叹道："那位农民说得太对了，这里的主人真好，完全没有把我们当陌生人看。我好久都没有受到过如此殷勤而周到的接待了，简直像回到了民风淳朴的荷马时代一样。"

等我们洗过澡换了身衣服之后，主人带我们去见他的妻子。那个女人仔细地打量着爱弥儿。是啊，对长期生活在这样的环境里的一位母亲来说，看到一位年轻的男人来到自己的家，就算不心情激动，至少也会对他充满好奇。

主人很快就准备好了晚饭，我们围坐在餐桌前，我发现桌子上摆放着5副碗筷。这时候，一个年轻的姑娘朝我们走过来，端端正正地向我们行了一个礼，然后默默地坐到她的椅子上。爱弥儿边吃饭边和主人聊天，他给姑娘回了一个礼之后就继续吃他的饭，聊他的天。

聊着聊着，他们偶然间提到了《忒勒马科斯历险记》。听到这本书的名字的时候，这位姑娘的脸"唰"地一下变红了，她羞愧地低下头去，连呼吸都开始变得艰难。她的母亲柔声问道："怎么了，苏菲？"

听到"苏菲"这个名字，爱弥儿立刻把头转向了这位姑娘，他的心跳得很快，暗自想道：难道她就是我苦苦寻找的意中人？爱弥儿很快就爱上了她，她也终于找到了自己的忒勒马科斯。

或许有人会说，我描写的这个故事太简单、太不符合现实了，而且那些烦琐的细节根本就没必要提及。说这种话的人肯定不了解年轻人的心理。很少有人认识到男女初次见面的时刻对他们的影响有多大。他们对彼此的印象会长久地保存在心中，甚至一辈子都不会忘记。

那些所谓的教育学论著，它们全然不顾孩子的天性而不惜笔墨地大谈特谈孩子的分内之事，却对最重要的也是最棘手的一个现实，即从童年到青年的过渡危机只字未提。如果说我的这本书有些许意义的话，那就是我详细论述了被教育家们忽略的那部分。

只要能把我想说的全都说出来，我不在乎这本书会被我写成什么体裁，就算是小说也没关系。这本书其实就是一部小说，只不过我在里面对人的天性进行了探讨。

在得到苏菲的认可之后，爱弥儿尽可能地去做一些讨她欢喜的事情。苏菲喜欢唱歌，爱弥儿就陪她一起唱，并教给她一些有关乐理的知识。苏菲喜欢跳舞，爱弥儿就陪她一起跳，并指导她如何把舞步跳得协调而优美。

这种教学和互动给他们带来无尽的幸福和快乐，加深了他们的感情。在爱情中，让男人成为女人的老师是一种非常完美的关系。

爱弥儿把苏菲那架破旧的风琴修理好，并调好了音。爱弥儿是一名木匠，而且对修理乐器很在行。凡是自己能做到的事，爱弥儿就会主动去学。不轻易求别人帮忙，是爱弥儿一贯的行事准则。

苏菲家附近的风景非常怡人，爱弥儿就以此为背景画了几幅画。苏菲也很想学习画画，于是当爱弥儿画画的时候，她就在一边模仿他，就这样，她渐渐地掌握了画画的技巧。她的才能越来越多，再加上优雅的性情，这让她变得越来越妩媚。

爱弥儿迫切地想把自己会的东西全都教给苏菲，全然不顾苏菲自己的意愿。他这样子，既让人感动，又让人觉得好笑。就好像一个孩子一样，凡是他知道的他都想跟她讲，并且还以为她一定听得懂。

爱弥儿想和苏菲进行思想的交流与哲学的探讨，他觉得，凡是不能拿来和她分享的知识都是没有意义的。遇到那些他知道苏菲却不知道的知识的时候，他甚至还会觉得不好意思。

爱弥儿把自己所熟悉的学科全都讲给苏菲听，数学、哲学、物理、历史，无所不包。苏菲很乐意跟他学习，而且他热情的样子让她感到很欣慰。

女人同样可以拥有思考的能力，但她们只要略知一些诸如逻辑学和形而上学等有助于培养她们的推理能力的学科就可以了。

对于爱弥儿讲授的知识，苏菲记住的不是很多。她最感兴趣的是伦理学以及可以归于艺术的科学，所以她进步得很快。至于物理学，她的造诣不是很高，只简单地掌握了宇宙的体系以及一些简单的原理。

他们经常出去散步，其间饱览过几次大自然的神奇景观。他们怀着无比虔敬和天真的心情尝试着对造物者进行解释。在大自然的创造者面前，他们大胆地敞开了自己的心扉。

由于还有很多事情要做，爱弥儿不能总是和苏菲待在一起。通常情况下，他们一周能见一两次面，而且每次见面也就半天的时间。在单独的日子里，爱弥儿不是整天懒散地在家里晃荡，他还是原来的他，一点儿也没有变。

他把大部分时间都花对博物学的研究上，因此他经常去田野里逛。他对各地的物种和耕作方式进行细致的观察，并将它们进行对比，试着找出导致其不同的原因。

当他发现某种耕作方式很适合当地的土壤，并且比当地原有的耕作方式更加有效的时候，他就把它推荐给那里的农民。当他发明了一种更为先进的犁头的时候，他就找人将之设计出来并推广到农业生产中去。

当他发现了泥灰岩，但是当地人并不知道泥灰岩有什么用处的时候，他就耐心地给他们讲解。他也经常下地去干活儿，当他自如地使用着那些农具的时候，农民们无不发出惊艳的感叹声。

当他滔滔不绝地发表干农活儿的经验的时候，农民们丝毫没有嘲笑他的意思，因为他们知道，他干起农活儿来甚至比他们还要熟练。

总之，凡是那些具有普遍的现实意义的事情，他都予以关注，并投之以饱满的热情。

除此之外，爱弥儿还经常去农民家里做客，以了解他们的家庭状况和生存环境。他问他们有几个孩子，有多少土地，农产品都销往哪里去以及他们都享有哪些权利，又要承担什么义务。

他给予农民们各种形式的帮助，但他很少在金钱上补助他们，因为他不能控制金钱的使用。例如，他帮一户人家修好了快要倒塌的房屋；他帮忙整治了一块因缺乏资金而不得不废弃的土地；他看到有人遭受了损失就送给了对方一头母牛、一匹马以及一些牲口。

他成功调和了两个要打官司的人之间的矛盾；他经常照顾病人，并给他们送吃送喝；他还资助过那些因为贫穷而不能结婚的年轻人。他对所有人都一视同仁，包括那些不幸者或者穷人。

有些人把他当恩人，有些人把他当朋友。他总是和他们打成一片，并施以各种形式的帮扶。

除了上述事情，爱弥儿还要随我去一个木工家做活儿。我们一周去一天，赶上天气不好不能下地的话，就去两天。我们跟其他的木工一起干活儿，干一样的活儿。

有一次，苏菲的父亲在木工家看到了我们，回到家后，他就满怀敬意地把我们忙碌工作的情景讲给他的妻子和女儿听。于是，他们决定趁爱弥儿工作的时候一起去看他。

到了木工家，苏菲一眼就看见正在埋头干活儿的爱弥儿，只见他身穿一件背心，头发也很凌乱。爱弥儿太专心了，以至于苏菲进去的时候他都没有看到她。

于是，她静静地站在一旁看着爱弥儿干活儿。他一手拿着凿子，一手拿着榔头，正在钻一个榫眼。钻好之后，他又转身去锯木头，完了把木头夹在夹子上，把它的面刨光。

看着忙碌的爱弥儿，苏菲心生感动。女人啊，你应该尊重你那为了养家糊口而出去工作的男人。为了给你挣面包，他不辞劳苦，你应该为有这样的丈夫而感到骄傲。

有一次，爱弥儿和苏菲去拜访一位农民。这位农民的腿摔断了，他的妻子刚刚生完孩子，而且家里还有另外两个孩子需要照顾。

　　面对这样的情景，苏菲放下身段，丝毫不顾那些脏兮兮的东西和刺激的臭味，帮他们把屋子打扫得干干净净，并且对农民施以悉心的照顾。

　　看着勤劳善良的苏菲，爱弥儿感动至极。男人啊，你一定要珍惜你的女人。她会在危难的时刻帮助你，在你痛苦的时刻安抚你，你应该为有这样的妻子而感到自豪。

六、游历中的爱弥儿：拓展内在的心灵视野

» 欲念的控制

爱弥儿已经两天没有见到苏菲了。那天早上，我拿着一封信走进他的房间，表情凝重地对他说道："如果有人通知你说苏菲死了，你会怎样？"爱弥儿一下子站起身来，双手交叉在一起，默默地看着我，眼睛里尽是茫然。

看到他紧张的样子，我缓和地跟他说道："你放心吧，苏菲生活得很好呢，今天晚上我们就去拜访她。现在，让我们一起出去走走吧，顺便聊聊天。"

"爱弥儿，幸福是一切有感觉的生命体都想要的生活状态。这是大自然赋予我们的第一个欲望，也是唯一一种会延续终生的欲望。可幸福在哪里呢？没有人知道答案。有的人一生都在寻找，可到死都没有找到。

"如果放纵自己的欲念，你迟早会成为欲念的奴隶，这是多么可怜的境地！你越是一门心思地想满足自己的欲念，你的欲念就越不容易实现。你也想保持内心的平和，可你却不知道怎样做。如果总是屈从于欲念，你就不会成为一个好人。

"假设一种情况，不管苏菲嫁没嫁人，你有没有结婚，不管她的父母愿不愿意把她许配给你，也不管她对你是爱还是恨，你都要一意孤行地和她在一起，强制性地把她据为己有。

"果真如此的话，请你告诉我，如果一个人可以为所欲为，丝毫不控制自己的贪欲，他还有什么邪恶的事情做不出来呢？

"爱弥儿，只有鼓起勇气去争取，你才能获得幸福；只有经过一番艰难的斗争，你才能拥有德行。力量是德行的基础，也是德行的源泉。我们经常说上帝是善良的，但没有人说上帝是有德行的，因为上帝做善事是一件很容易是事情，不用经过斗争。

　　"我们对德行的需要是伴随着欲念的产生而来的，对你来说，认识德行的时刻已经到了。

　　"一个有德行的人懂得怎样用自己的良心和理性去控制自己的感情，只有这样，他才能遵守做人的本分，无论遇到什么情况都不会逾越道德底线。你目前的自由不是真正的自由，就好像一个暂时没有收到主人命令的奴隶一样，你的自由只是一种假象。

　　"这样的自由是非常危险的，现在是你争取彻底的自由的时刻了。你要学会做自己的主人，让自己的行动听命于自己的内心，爱弥儿，只有这样，你才能成为一个有德行的人。

　　"现在，你的第一个欲念已经产生了，它也是目前你所拥有的唯一一个欲念。如果你能够拿出你的男子气概，断然对它加以控制的话，它就不会衍生出更多的欲念来，因此它就会成为你的最后一个欲念。没有了欲念，你就能全身心地投入到对德行的追求中。

　　"只有专注于永恒不变的美的事物，人才能在保持明智的同时获得幸福的生活。对你的欲念加以选择，并且让履行天职优先于满足欲念。

　　"应该在道德行为中引入需要的法则，你应该知道，有得必有失，坦然面对你所失去的或者不能得到的一切，不要让生活的变化扰乱了自己的思维。

　　"唯有如此，你才能心平气和地面对命运的捉弄，享受幸福的生活；你才能够在各种欲念的夹击之中保持明智的头脑。如果你不得不放弃自己的心爱之物，你也不会因此感到痛苦，因为你知道，你支配着它们，而不是受它们支配。

　　"生活是如此变幻莫测，没有什么东西是永远属于我们的。认识到这一点，你就不会因那些虚假的东西的获得而欣喜若狂，也不会因那些虚假东西的失去而流泪悲伤。一旦你的思想发生了这样的转变，你就会受益匪浅。

"痛苦是生命永恒的主题，它是那样真实而长久，而快乐只不过是命运吝啬地施舍而已，它是那样虚幻而短暂。你一眼就能看穿那些肤浅的偏见或者赋予生命伟大价值的说法。

"你能无忧无虑地享受生命，也可以无所畏惧地面对死亡。对别人来说，死亡意味着生命的结束，所以他们对死亡充满了畏惧。你的看法和他们完全相反，你深知生命的虚无，觉得死亡是比生命更加真实的一种存在。

"对于邪恶的人来说，死亡意味着生命的结束；对于善良的人来说，死亡意味着生命才刚刚开始。"

爱弥儿认真地听我说着，神情变得越来越不安。他已经料到了，我要让他投入更加严格的训练之中。

"我该如何是好呢？"他低着头说道。

"如何是好？"我语气坚定地说道，"最好的选择是离开苏菲。"

"你和苏菲，一个20岁，一个18岁，你们现在的年龄只适合谈恋爱，但还不能结婚。想想吧，你们自己都还是孩子，怎么去承担抚养孩子的责任？

"你应该知道，有太多的女人因为过早地结婚生子而损害了自己的健康、缩短了自己的寿命。由于身体虚弱，她们生出来的孩子也是病秧子。母亲在怀孕的时候，肚子里的孩子就会夺走她身体里的部分营养，最后母子都落得营养不良的后果。

"再说说你自己吧。你知道作为一个丈夫和父亲应该履行怎样的职责吗？结了婚之后，你就得担当起一个家庭的重任，随之而来地，你也会成为国家的成员之一，可你知道怎样去做一个公民吗？

"你知道什么是政府、法律和国家吗？你知道生活需要付出什么样的代价吗？你知道什么才是你得用生命去捍卫的吗？你自认为无所不知，其实你一无所知。在踏入社会之前，你应该首先确定自己适合什么样的地位。"

听完我的话，他陷入了沉默。之后，他抬起头来，坚定地看着我说："我们什么时候出发？"

"一周之后。"我回答道。

我也给了苏菲一些安慰。我向她保证，爱弥儿，她的情人，确切地说是她的丈夫，对她是绝对忠诚的，他只是暂时离开她而已。只要她对他的感情也是专一的，我答应她，两年之后就让他们结婚。

» 游历的价值

年轻人到底有没有游历的必要？关于这个问题，人们有太多的争论。或者，我们可以换个说法：一个真正有教养的人是不是只要了解了自己的国家就够了？我始终坚持这样的说法，了解了一个国家并不意味着了解了全人类。

我承认游历对年轻人是有好处的，但我并不是说所有的年轻人都适合去游历。只有那些意志足够坚强的人才适合去游历，而这样的人为数极少。他们不会受到邪恶之事或者邪恶之人的引诱，而是从他们的邪恶中吸取教训。

游历可以让一个人按照他的天性去发展，据此对人做出或好或坏的判断。一个游历完世界的人，他刚刚回来的样子就是他今后的样子，甚至一生都不会再有多大的改变。

如果游历完后，他不但没有丝毫长进，而且还变得比以前更加不堪，那就说明他在游历的过程中学会了做坏事。

那些品行不端或者没有接受过良好教育的年轻人，他们很容易受到所游历国家的那些坏风气的感染，可对那些优良的习俗却视而不见。

而在良好的家庭氛围中长大的年轻人，他们的天性本就善良，再加上后天的培养，他们抱着提升自己的目的去游历，回来之后，他们会变得比之前更加睿智和聪明。当然，我的爱弥儿就是这样的年轻人之一。

所有的必须通过理性才能完成的事情都有它自身的法则。作为教育的手段之一，游历也是有法则的。如果游历的目的是为了游玩，那游历就跟乱跑无异；如果游历的目的是为了接受教育，那这个说法又太过虚幻和宽泛。

如果没有明确的目的，游历是没有价值的。我希望年轻人在游历的时候能给自己设定一个明确而具体的目的，然后朝着这个目的去努力，就可以学到与之相关的所有东西。

人和物之间的物质关系以及人和人之间的道德关系，爱弥儿都已经研究过了，现在他要开始研究他和同胞之间的公民关系了。

他要首先对各种各样的政府及其性质进行研究，然后对他所生活的地方的政府进行研究，并且确定自己是不是适合生活在这个政府的管辖之下。

作为一个公民，每个人都有一些不可侵犯的权利。爱弥儿是一个能够根据自己的理性做出独立判断的人了，因此只要他愿意，他就可以解除掉和这个社会的契约，到别的国家去生活。

爱弥儿之所以到了拥有理性的年纪还一直遵循着他的祖先和社会所订立的契约，是因为他还没有离开过他所生活的地方。

就好像他有权利拒绝继承父亲的财产一样，他也有权利拒绝生活在这个国家。出生地只不过是大自然的赐予而已，他可以选择不接受这种赐予。

不过，根据权利与义务的关系，每个人都不可能享受到没有任何风险的自由，如果他想获得某个国家的保护，就得遵守那个国家的法律。

我对爱弥儿说："你长这么大还从来没有脱离过我的指导呢，现在你到自己做主的年纪了。法律会保护你自己去处理一些事情，让你成为自己的主人。

"你想组建自己的家庭，这种想法固然好，但在这之前你必须想清楚，你想成为一个什么样的人？你将以怎样的方式度过你的一生？你凭借什么去供养你的家人和你自己？"

虽然我们不能对如何维持生计这样的事情做过多的讨论，但这的确是摆在我们面前的一个很现实的问题。

"你愿意倚仗那些道德败坏者去过活吗？你愿意被束缚在将你变成别人的奴隶的公民关系中吗？你愿意浸染在只有成为流氓才能摆脱流氓迫害的道德体系里吗？"

接着，我向爱弥儿讲述了怎样去处理资产的问题。我告诉他，他可以经商、理财或者从政，但这些方式都有很大的风险，可能会让他不得不对别人产生依赖，按照别人的意愿或者偏见调整自己的行为和观念。

当然，他还可以选择去当兵，与那些与他无冤无仇的人进行拼杀。可当兵不但不会让人变得独立，反而会增强人的依赖心理。

可以想见，爱弥儿对这些职业都没有兴趣。他说道："我为什么要去做这些呢？难道我把之前的本领全都忘得一干二净了吗？

"我难道失去双手了吗？我难道没有力气了吗？我难道不能干活儿了吗？你说的那些职业和我有什么关系呢？还有那些心存偏见之人，我为什么非要接触他们呢？

"我只知道，正直和善良是一个人最大的美德，我会以此指导自己的行为，然后和自己心爱的人生活在一起，用自己的劳动去养活我的家人，这才是我所追求的幸福生活。世界再大，可我只需要一块小小的土地，然后和苏菲一起在上面耕作，过着无忧无虑的生活。"

"没错，我的孩子，这是很多人都向往的生活。一个明智的人，只要有一位妻子和一小块土地就可以把生活过得有声有色。这样的财富听起来不算多，但并不是人人都能得到的。妻子是最难得的，幸运的是你已经得到了，现在，让我们把重点放在土地上。

"亲爱的爱弥儿，我们要去哪里找这样一块属于我们的土地？世界之大，可我们却没有权利指着一块土地说：'这块土地归我所有。'或许，我们很容易就能找到一个发财致富的好地方，但我们却很难找到一个没有财富也可以生存的地方。

"我们不知道哪里才可以让我们过上不依赖别人的、不会受到别人侵害的自由自在的生活。不过，你能有这样的计划让我感到很欣慰，让我们竭尽所能地朝这个目标努力吧。

　　"我给你一个建议：从现在开始，花两年的时间和我一起去游历吧，等游历完之后，你可以在欧洲选择一个合适的地方，然后和你的家人生活在一起，这样还能避免陷入我刚刚提到过的那些麻烦之中。

　　"如果我们成功了，你就可以过上幸福的生活，而且这段美妙的时光也能为你的记忆增添色彩；如果我们失败了，你也可以消除那些不切实际的幻想，并且知道挫折是在所难免的这个道理，好让自己以后按照自然的法则行事。"

　　我们终于游历完回来了，现在，爱弥儿又回到了苏菲的身边。他的心还是像以前一样温柔，可他的头脑却比以前更加睿智。他的国家借鉴了他对政府利弊的分析以及对道德的研究，并且从中得到了很好的启示。

　　在游历的过程中，他结交了一些各国德行高尚的人，如果他愿意的话，可以继续和他们保持通信。我不会反对他的做法，毕竟，和遥远的国家的人保持联系，是避免滋生偏见的好办法。

　　在游历的两年时间里，我们去了欧洲的几个大国以及周边的一些小国。其间，爱弥儿学会了两三门新的语言，遍览了各个国家的自然风光、政治制度、艺术形式以及人物风貌。后来，爱弥儿开始变得越来越不耐烦了，他吵嚷着要回家，说自己游历的期限已经到了。

　　我对他说道："爱弥儿，别忘了我们此行的目的，你接触了那么多的人和事，也对它们进行了研究，可你的研究结果是什么呢？回去之后你有什么打算呢？"

　　除非是我的方式错了，否则的话，他一定会做出这样的回答：

　　"我要严格遵守你的教导，除了自然的法则和法律的权威，绝不屈从于任何人和事物。经过这么长时间的研究，我越来越觉得，人们越是追求独立，离自由也就越远，最后反而沦为了奴隶。

　　"为了避免遭受伤害，人们把自己融入各种各样的群体之中，丝毫不敢越雷池一步。渐渐地，他们发现自己追求自由的心思越来越弱，依赖他人的想法却越来越强。

"我觉得，人没有必要刻意去追求自由，因为我们本来就是自由的，只要捍卫自己的自由不被侵犯就可以了。

　　"我的老师，你告诉我说要遵从需要的法则，我一直按你的教导做着，而且生活得很自由，很快乐。当命运没有赐予我所需要的东西的时候，我也不会感到沮丧，就算不依赖任何人，我也能够维持我的生活。

　　"在游历的这段时间里，我也曾想过这个问题，这个世界上真的存在那样一个地方，可以让我们不受自己的贪念的控制，不受别人的偏见的束缚，自由自在地过自己想要的生活吗？

　　"经过这么长时间的研究，我发现自己的想法本身就是矛盾的。就算我们能不依赖任何人去生活，但我们却不得不依赖自己脚下的土地。我们对土地的依赖就好像森林女神对森林的依赖一样，是一个不可更改的事实。统治和自由这两个概念是完全对立的。

　　"对于我父母留给我的财产，我不会做过多的要求。我不想和财产产生任何关系，如果能够继承，我也不会动一分一毫，如果不能继承，我会觉得一身轻松。

　　"我不会花太多的心思去考虑如何保存我的财产，我只听从自己内心的指示，无论贫贱还是富有，我都不会因此丧失我的自由。我的自由不受任何地域的限制，无论走到世界的哪一个角落，我都能始终如一地保持我的自由。

　　"一切的、偏见或者束缚都左右不了我的行动，因为我只遵从需要的法则行事。从我出生那天起，我就在践行着这个法则，直到我死去的那一天，我也不会将这个法则抛弃。

　　"拥有怎样的社会地位，居住在怎样的环境，这些都有什么紧要的呢？无论生活在哪里，有人的话，我就当自己待在亲人的家里，没人的话，我就当一个人待在自己家里。只要我是一个独立的存在，并且有谋生的能力，我就能够让自己活下去。

　　"但我绝不会让自己受到金钱的奴役，否则的话，我宁愿将之全都扔掉。只要我的双手还在，我就不至于饿死；万一我的双手不能劳动了，我就只能靠别人的接济；如果没人接济我，我只能选择去死。

"就算有人愿意帮助我，我还是宁愿去死，因为死亡只不过是自然的一种法则，并不是自然对穷人的一种惩罚。无论死亡什么时候到来，我都能泰然。

"我的父亲，这就是我给自己规划的生活。我不会再产生什么欲念，因此我会像上帝一样独立去生活。我对自己的现状很满足，也不用再去跟命运抗争什么。

"现在束缚我的只有一条锁链，但我愿意被它束缚，并且为这种束缚感到骄傲。不过，现在有了苏菲之后，我已经是一个完全自由的人了。"

"爱弥儿，能从你口中听到这样的话我高兴极了，你的想法已经完全是一个成年人的了，我从中了解到了你的品德与情操。想不到你在这样的年纪就已经是这样无私的一个人了。

"其实，在开始我们的游历之前，我就已经想到了会取得这样的成果。我知道，你在对那么多的社会制度进行了考察之后，是不会盲目地去信任它们的，它们根本就不值得拥有你的信任。

"别想在法律的保护下寻找到自由。你可以看看，哪里还有什么法律可言？谁会尊重法律的权威？到处都是打着法律的旗号为自己谋取利益的人。然而，的确存在自然的法则和秩序的法则，人们凭借自己的良心和理性将这些法则牢记在心中。

"一些睿智的人建议用这些法则取代法律，只要服从这些法则，人就能获得真正的自由。自由不是政府给的，而是发自人的内心的。一个自由的人，无论走到哪里，他都是自由的。一个恶人，无论走到哪里，他都是被束缚的。

"一个坏人，就算是在民风淳朴的日内瓦，他也会感到被奴役；一个自由的人，就算他在奢靡浮华的巴黎，他也不会感到被束缚。

"当我跟你谈论公民义务的时候，你问我祖国在哪里呢？或许刚一听到这个问题，我会被你难住，不过略微思考一下，我就可以给出答案。即便没有生活在某个国家，但人总得生活在一个地方吧。人不可能摆脱掉政府和法律的幻影去过无拘无束的生活。

"只要个体利益能带给他像公众意志一样的保护，只要社会暴力能够让他免遭私人暴力的伤害，只要那些邪恶之事让他明白了要多做善事，只要现存的社会制度能够引发他对不公平的憎恨心理，那么就算人们没有去遵守社会契约，又有什么紧要的呢？

"爱弥儿，一个人无论生活在哪里，都会或多或少得到其居住地施予他的恩惠。一个人无论生活在怎样的社会环境里，他都能从中感受到人类最宝贵的东西——美德。

"一个生活在森林里的人，他可以完全按照自己的天性行事，他没有抗争的必要，也不需要遏制什么情感。他可能会去做好事，但绝不会是一个具有美德的人，因为他没有与自己的欲念抗争过。

"一个生活在社会中的人，只要认识了那些秩序的表象就足以让他对社会生活产生向往之情了。尽管很多人打着为公众谋福利的旗号为自己做事，可他绝不是这样一个人。他已经学会如何战胜自己的欲念，以牺牲自己的利益的方式来为公众谋福利了。

"所以，要说法律没有带给他任何好处是不对的，至少现在当他面对坏人的时候有了维持正义的决心和勇气；要说法律没有带给他丝毫自由也是不对的，至少现在他懂得了如何去克制自己的情绪。

"所以，爱弥儿，你说出'我生活在哪里都是无所谓的'这样的话是一种不负责任的表现，热爱生你养你的地方是你必须履行的任务之一。

"你很小的时候，你身边的人都帮助过你，所以等你长大后，要尽可能地回报他们。最好的状态是你和他们生活在同一个地方，不行的话，你至少应该让他们知道你住在哪里，以便需要的时候他们可以随时找到你。

"我并不鼓励你生活在大城市里。相反，我更愿意你能去乡下与田园为伴，那里的人良心还没有被败坏掉，他们的生活是人类所有生活中最宁静、最淳朴、最自然的一种。

　　"一个心地善良的人到了城市里不一定会去做善事，因为与骗子和奸人作斗争将会花去他大部分心思。城市从不排斥那些游手好闲的人，这些人到城市里的目的只有一个，那就是追求财富。

　　"我觉得人口应该朝相反的方向流动，即从城市流动到农村。主动离开城市，归隐农村就是在为城市做贡献，因为城市里的人口太多了，而人多恰是城市种种弊病产生的原因。

　　"如果能够把城市里丰富的生活、多彩的文明以及对大自然的热爱全都带到农村里去，那他们的贡献就更大了。想到这里，我的心里一阵澎湃：你和苏菲去了农村之后，会给村民的生活增添多少乐趣啊！

　　"我仿佛看到了这样一幅景象：热闹的街道，富饶的田野，到处都是欢声笑语，人们的脸上全都挂着丰收的喜悦。村民们会向你们送上最真挚的祝福，因为没有你们的加入就不会有他们现在的美好生活。"

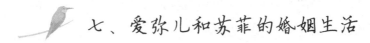 **七、爱弥儿和苏菲的婚姻生活**

爱弥儿终于迎来了他人生中最幸福的时光，看到自己多年的心血没有白费，我也由衷地感到快乐。这对佳人终于结成了夫妻。

他们肩并肩地走出教堂，前面有人带路。他们不知道自己身在何处，也不知道自己将要去往何方，更不知道别人在说些什么，只是含糊应对着他们的提问。

他们沉浸在甜蜜的感觉中，对周遭的一切全都没有了意识。这就是人类的弱点，一不小心就会被幸福冲昏了头脑。

我走过去，拉起他们两个人的手，郑重地说道："我的孩子，经过3年的磨炼，你们的爱情终于修成了正果。今天是你们情感的火焰燃烧得最为旺盛的一天，在以后的日子里，它将继续燃烧下去，但会越来越弱的。"

说到这里，爱弥儿开始发誓，说他对苏菲的心绝对不会改变。苏菲也把手从我的手中缩回，用玩笑的方式对我刚才的话进行嘲讽。不管他们多么不赞同我的说法，我还是要继续说下去：

"如果结婚之后夫妻两人还能长久地保持恋爱时期的热情，那人间跟天堂也就没什么两样了。据我所知，这样的情况还没有出现过，可这也不是不可能实现的事情。

"你们两个想不想成为第一对这样的人？我这里有一个秘诀，可以让你们成为别人的榜样，你们想不想听听？"

爱弥儿和苏菲不约而同地看了对方一眼，他们对我的话将信将疑。我继续说道："其实，这个秘诀非常简单，那就是你们结婚之后仍然要像对待情人一样对待对方。"

听到这里，爱弥儿笑了起来，语带嘲笑地说道："这算什么秘诀，很简单的一件事情嘛！"

"那可不一定，"我说道，"或许这比你想象的困难得多。就好像绳结打得越紧，就越容易断掉一样，你越是想让你们变得亲密，你们的关系就会越疏远。忠诚，是婚姻双方必须向对方履行的义务，可如果过分地要求对方忠于自己的话就会限制对方的自由。

"如果总是用命令的语气跟对方说话，那这样的婚姻肯定不会长久。要想控制一个人的心，强制或约束是最坏的方式。要把对对方的关心变成自己的义务，那甜蜜的爱情才会变成你的权利。如何才能实现这一点呢？最重要的一点就是双方的想法要一致。

"肉体的快乐诚然让人享受，但任何一方都没有权利强迫对方去满足自己。我的孩子，在婚姻的关系中，你们的心应该是结合在一起的，但不能随意支配对方的身体。你们彼此是互相属于的，但这种属于应建立在自愿的基础之上。

"有鉴于此，我的孩子，我希望你们能永远把对方当作情人来看待，但要担负起对对方的责任。你们想要的一切都应该从爱情中去获得，而不是用强迫的方式从对方那里夺取。如果苏菲为你做了一些事情，你要知道，这是她对你的恩情，而不是她必须履行的义务。

"我希望你们的身体和爱情全都由自己支配，无论给予对方什么，都是发自内心的或者心甘情愿的。你们要谨记：就算结了婚，你们也都是独立的，所有的快乐都建立在两相情愿的基础上，否则的话就是不合法的。

"我的孩子，只要你们严格按照我所说的去做，我保证你们的关系不但不会疏远，反而会越来越亲密。在取悦对方的时候要把握好分寸，这样你们就不会对对方感到厌烦。

"苏菲，爱弥儿现在是一家之长了，而你作为他的妻子，必须服从他的意志，这是自然的法则。如果你能这样做的话，他反过来也会听你的话，这也是自然的法则。你可以控制他的心，就好像他可以控制你的身体一样，不过这需要你做出艰辛的努力。

"你要想控制他的话，首先得控制你自己。如果你很长时间才为他做一件事情，他就会很珍惜你的恩情；如果你能经常为他做些事情，他就会因为爱上你而处于你的控制之中。

"不要总是黏在他的身边，这样他就不会拜倒在你的脚下。不要总是一脸严肃的样子，你要时而表现害羞的一面。在他面前，你要维持稳重的形象，千万不要任性或者胡闹。还有一点需要注意：你可以控制他的爱情，但也要让他知道你对他的爱情。

"通过给予他恩情的方式，你赢得了他的爱情；通过拒绝他的要求的方式，你赢得了他的尊敬。你要让他知道，你是一个有贞洁的女人，但不要让他对你产生不近人情的印象。

"苏菲，只有通过这样的方式，你才能得到他的信任。等他遇到事情的时候，他都会在和你商量之后再做决定。当他误入歧途的时候，你要用你的温存唤醒他，让他重回正道。

"为了能更好地帮助他，你要在他面前尽量表现得可爱和娇羞，用感情的力量去唤醒他的道德，增加他的理性。就算你不再是他的情人了，但你还是他的妻子、他的朋友以及他孩子的母亲，这些关系都有助于维护你们之间的感情。

"你要始终记得这句话：如果你能让你的丈夫过上幸福的家庭生活，那作为他的妻子，你的生活必然也会很快乐。

"爱弥儿，作为一个男人，你的一生都要有人对你进行指导。在这之前，一直由我担当这个角色，而我也尽自己最大的努力履行着这个义务。

"现在，我要把这个使命交给另外一个人了。从今以后，我在你的生命中再也没有任何威信了，我要把所有的事物都转交给另外一个人，没错，她就是苏菲。"

他们的心终于平复下来，开始了平静的生活。多么般配的一对，多么和谐的家庭！一看到他们幸福的样子，我的心就会激动不已。感谢上帝，能让我将他们的手紧紧地握在手里。当然，能够带给我快乐也是他们的心愿。

孩子身上散发的蓬勃朝气感染到父母，让他们感觉又回到了青春岁月，或者也可以说，**看到孩子幸福的样子，父母才意识到了自身的价值。**

尽管在年轻的时候他们拥有很多财富，但他们从来不觉得生命是一种享受。只要看一看我们现在的生活，你就会相信，原来幸福真的存在于这个世界上。

转眼间，爱弥儿和苏菲已经结婚好几个月了。一天早上，爱弥儿走进我的房间激动地说道："我的老师，请祝福我吧，我马上就要当父亲了。我身上的担子得多重啊，现在又到了我需要你的时候了。可是，你已经养育了我，如果再要你养育我的孩子的话连上帝都不会原谅我的。

"抚养孩子是多么甜柔而神圣的一项责任啊，我怎么能把它交给别人去承担呢？就算我有能力给他选择一位好老师，就像你当年为我选择老师一样，但我怎么会让一个毫不相干的人来教育我的孩子呢？

"我会亲自去当孩子的老师，但是我有一个请求，希望你能继续当我的老师。我会尊重你的意见，只要我在世一天，我就不会违背你的意愿。现在是我最需要你的时刻，因为我马上就要承担起一个成年人应尽的义务了。

"我要以你为榜样，希望你能对我加以指导，让我学会如何教育我的孩子。你好好地休息一下吧，现在，应该是你享受清闲的时候了。"

图书在版编目(CIP)数据

　爱弥儿/(法)卢梭著;成墨初,李彦芳编译.
-武汉:武汉大学出版社,2014.11 (2022.3重印)
　ISBN 978-7-307-12676-3

　Ⅰ.爱… Ⅱ.①卢… ②成… ③李… Ⅲ.教育思想-法国-近代
Ⅳ.G40-095.65

中国版本图书馆CIP数据核字(2014)第004112号

责任编辑:陈　岱　　责任校对:赵　娜　　版式设计:文豪设计

出版发行:**武汉大学出版社**　　(430072　武昌　珞珈山)
　　　　　(电子邮箱:cbs22@whu.edu.cn 网址:www.wdp.com.cn)
印刷:北京一鑫印务有限责任公司
开本:787×1092　1/16　　印张:13.75　　字数:190千字
版次:2014年11月第1版　2022年3月第4次印刷
ISBN 978-7-307-12676-3　　定价:45.80元